falter 26

DAGNY WEGENER

Blick in eine andere Welt

*Begegnung mit Verstorbenen
und geistigen Wesen*

VERLAG FREIES GEISTESLEBEN

ISBN 3-7725-1426-x

1. Auflage 1997 im Verlag Freies Geistesleben
© 1997 Verlag Freies Geistesleben
& Urachhaus GmbH, Stuttgart
Nach den neuen Richtlinien der Rechtschreibung
Schutzumschlag: Doris Hecht / Walter Schneider
Druck: Offizin Chr. Scheufele, Stuttgart

Inhalt

Vorwort 7
Begegnungen mit Verstorbenen 11
Zwei Träume 17
Während des Golfkrieges 19
Der Lesekreis 21
Wie ein Mensch Depressionen überwand 26
Vor einer Operation 30
Im Sanatorium 32
Ein Freitod 41
Ein böser Geist 43
Der leuchtende Mensch 45
Pferd – Löwe – Lamm 48
Der Engel der Gemeinde 51
Schlusswort 54

Anhang

Mein Lebensweg 59
Zeitangaben über die in den einzelnen Kapiteln geschilderten Erlebnisse 87

Vorwort

Ich habe in meinem Leben etwas von der Verschiedenartigkeit der geistigen Wesen kennen lernen dürfen und möchte in diesen Aufzeichnungen sehr behutsam versuchen, suchende Menschen an meinen Erlebnissen teilnehmen zu lassen. Diese Erlebnisse wurden mir im Laufe mehrerer Jahre geschenkt.

Es gibt materielle Geschenke, und es gibt geistige Geschenke.

Es gibt eine Eigenverantwortung und eine Verantwortung vor dem Geiste.

Es gibt egoistisches Denken und soziales Denken.

Als ich das aufgeschrieben hatte, stellte ich mir zunächst Fragen:

Ist es überhaupt richtig, dass ich geistige Wahrnehmungen aufschreibe und sie veröffentlichen will? Darf ich das überhaupt aus meiner eigenen Verantwortung heraus? Kann ich das verantworten dem Geiste gegenüber, den Geistern gegenüber, die ich sehen durfte? Ist es nicht andererseits egoistisches Denken, wenn ich in meinem hohen Alter dies alles mit ins Grab nehmen würde? So sehr viele Jahre bleiben mir wohl nicht mehr. Ich bin fünfundachtzig Jahre alt.

Wie ist das mit den Geschenken?

Wenn ich ein materielles Geschenk bekommen habe, so erfreut es mich, und ich bedanke mich. Ich kann es auch anderen Menschen zeigen, die es ansehen und sich mit freuen können.

Wenn ich aber geistige Geschenke erhalten habe, wie verhalte ich mich dann überhaupt dem gegenüber? Sie sind nicht vorzeigbar, und ich kann sie daher anderen Menschen nur schwer vermitteln, aber ich selbst bin voller Dank. Kein Wort kann dieses umfassende Gefühl ganz wiedergeben. Eine tiefe Dankbarkeit steigt in mir auf in dem Augenblick, wenn ich einen Engel, wenn ich einen Verstorbenen, wenn ich all die anderen Geschehnisse, die nicht irdisch, sondern geistiger Art sind, schauen darf. Es bleibt jedesmal in mir eine große, staunende Verehrung zurück, im fast nicht Fasslichen dieser Wahrnehmungen.

So meine ich nach all diesen Überlegungen, dass ich es doch aufschreiben sollte, vielleicht auch, weil ich weiß, dass gerade heute viele Menschen einsam sind und auch Angst vor dem

Leben und dem Sterben haben und oft keine Hoffnung sehen.

Meine Erfahrungen haben mir gezeigt, dass man nie allein gelassen wird.

Ich glaube nicht, dass sich mein Blick für die «andere Welt» so geöffnet hätte und dass ich dieses Buch jemals hätte schreiben können, wenn ich nicht in vielen Jahrzehnten das Wissen von dieser «anderen Welt» durch Rudolf Steiners Schriften und Vorträge hätte in mich aufnehmen können – ihn selbst habe ich leider nicht erlebt, da war ich noch zu jung.

In Buchwald/Schlesien hörte ich während des Krieges zum erstenmal von Rudolf Steiner und der Anthroposophie. Frau von Keyserlingk begleitete meine anfänglichen Schritte auf diesem Weg. Sie hat mit mir die *Theosophie* gelesen. Und ich habe dann auch später immer wieder Freunde gefunden, die schon lange Anthroposophen waren und die mir vorlasen. So habe ich Rudolf Steiner allmählich als den Lehrmeister in meinem Leben gefunden.

Zunächst stand ich als im evangelischen Glauben Erzogene vielem, was mir in der Anthroposophie begegnete, skeptisch gegenüber. Was mich aber von Anfang an sehr froh gestimmt hat, war der Gedanke der wiederholten Erdenleben: dass es für den Menschen niemals genug sein kann, nur ein Leben zu leben, sondern dass man nach dem Tode durch eine Läuterung in der geistigen Welt selbst seine Fehler und Schwächen mit Hilfe seines Engels anschauen wird und weiß, auf welche Art und Weise man das alles wieder gutmachen kann in einem neuen Leben. Nun konnte mir auch der Tod so vieler Menschen im Krieg, der mich früher vor die verzweifelte Frage gestellt hatte: «Wie kann Gott das zulassen?», in einem neuen Licht erscheinen.

Ebenso wie in der Anthroposophie bin ich in der Christengemeinschaft verankert. Das ist durch mein ganzes lebendiges Jugendschicksal in der evangelischen Kirche zu verstehen – ein Leben ohne Kirche wäre für mich nicht denkbar gewesen. (Darüber ist im Anhang einiges Weitere zu lesen.)

Dass ich dieses Leben aber erfüllen konnte durch ein neues Denken mit Hilfe von Rudolf Steiner war zu meinem Glück und trug bei zu meinen Möglichkeiten, die Welt besser zu verstehen. Ich habe auch die Menschen und ihre Schicksale besser verstanden und durfte manchmal, sehr bescheiden, aber dennoch ein Helfer sein.

Die folgenden Aufzeichnungen möchten auch ein Beitrag in diesem Sinne sein.

Dagny Wegener

Begegnungen
mit Verstorbenen

Wenn mir ein Verstorbener erscheint, sehe ich zunächst eine Gestalt herangeschwebt kommen, die äußerlich hell ist und in der Mitte dieser Helligkeit ein dunkleres Rund aufweist. Dieses Rund entwickelt sich langsam zu einem werdenden Antlitz. Darin wird zunächst eine Stirn sichtbar, die sehr hell zu leuchten beginnt.

Auf dieser Stirn ist fast immer ein helles Kreuz zu sehen, das von einem ganz schmalen roten Rand – ja – wie eingerahmt erscheint. Es gibt einzelne Verstorbene, die kein Kreuz haben, sondern eine Rose.

Nach wenigen Sekunden verschwindet die Erscheinung des Kreuzes und der Rose nach oben, und die Augen des sichtbar werdenden Antlitzes sind zu erkennen. In jeder Erscheinung sind die Augen vorherrschend.

Weitere Einzelheiten kann ich nicht erkennen (zum Beispiel Nase, Mund), und es bleibt mir jedesmal ein Wunder, genau zu wissen, welcher Verstorbene sich mir da zeigt.

Selten sehe ich eine ganze Gestalt herangeschwebt kommen. Meistens ist sie nur bis zur Brust sichtbar.

Nun möchte ich von einigen solchen Begegnungen erzählen.

An einem wunderbaren Frühlingstag wartete ich auf einen Bus und blickte hinauf in den blauen Himmel. Die Bäume zeigten das erste Grün, die Vögel zwitscherten, und ich sagte begeistert: «Wie schön ist doch der Frühling.»

Im Hinaufschauen sah ich plötzlich ein merkwürdiges, ganz zartes «Gefährt» angeschwebt kommen: Wie ein Gewebe spinnwebfeiner, leuchtender Silberfäden schien es. Das Ganze ähnelte einer Gondel oder einem schmalen Boot mit einer Spitze vorne und hinten. An der vorderen Spitze saß ein Wesen, das nur bis zur Brust sichtbar war und mich aus großen Augen fragend aufmerksam ansah. Nach einigen Momenten erhob sich die Erscheinung bis zu den Bäumen und entschwand meinen Blicken.

Von da an habe ich diese «Gondeln» immer wieder gesehen.

Diese Erlebnisse treten in der Advents- und Weihnachtszeit oft auch draußen mitten in der geschäftigen Welt auf. Immer sitzt nur vorne eine Gestalt. Immer hat sie in ihrem rechten Ohr eine Perle, die sehr groß sein kann, mittelgroß oder sehr klein. Diese Wesen haben immer auch einen weißen Kragen um, der nur zur Hälfte den Hals umschließt.

Es gab Zeiten, wo ich gleichzeitig unzählige solcher Gefährte über unserer Stadt schweben sah. Man kann sich denken, dass ich mich in die Arme kniff, um mir selbst zu beweisen, dass ich wach war und dies nicht träumte, sondern dass diese Erscheinungen Wirklichkeit waren.

Alle diese Gestalten haben immer auch das Kreuz auf der Stirn, soweit ich das erkennen kann. Wenn viele zugleich da sind, kann ich Einzelheiten nicht wahrnehmen.

Damals lernte ich für die Verstorbenen neu zu beten, indem ich mich zu ihnen erhob.

Das folgende Erlebnis handelt von einem Herrn, den ich kannte.

Sein Leben bis zum einundzwanzigsten Lebensjahr versprach wegen der hohen Begabungen, die er hatte, einen erfolgreichen Verlauf zu nehmen.

Nach seinem Abitur machte der junge Mann jedoch keinerlei Anstalten, eine Berufsausbildung zu beginnen. Er hat auch später nie einen Beruf erlernt.

Von seiner Familie und Freunden wurde er in seinem So-Sein akzeptiert und liebevoll versorgt. Später heiratete er auch.

Er war ein religiöser Mensch und nahm regelmäßig an der Menschenweihehandlung, dem Gottesdienst der Christengemeinschaft, teil.

Ganz unvermutet starb er.

Bei der Totenweihehandlung sah ich rechts vom Altar, in etwa vier Meter Höhe, zwei Gestalten heranschweben, von hellem Licht umflossen. In einer erkannte ich den eben Verstorbenen. In der anderen entdeckte ich: «Ach, da ist ja auch Melchisedek dicht neben ihm.»

Ich spürte einfach eine Zusammengehörigkeit dieser beiden und wunderte mich gar nicht. Als die Feier zu Ende war, die Kerzen im Altarraum gelöscht wurden und die beiden Gestalten für mich nicht mehr zu sehen waren, blieb ich noch einen Augenblick betroffen sitzen und fragte mich nun sehr erstaunt: «Was hast du da eben geschaut? Was hat der Verstorbene mit Melchisedek zu tun? Woher weißt du so sicher, dass es Melchisedek ist, der neben ihm steht?»

Erst da ging mir auf, dass ich nicht einmal genau wusste, wer Melchisedek eigentlich war. Später erfuhr ich, dass er ein Priesterkönig zu Abrahams Zeiten war, der die Priester geweiht hat. In der Bibel wird an verschiedenen Stellen von ihm berichtet.

Nach den Augenblicken des leisen Zweifels stieg in mir wieder die absolute Gewissheit auf: Du hast Melchisedek und den Verstorbenen nebeneinander am Altar geschaut.

Ich sah Melchisedek als eine sehr schmale Gestalt mit schmalem Gesicht und tiefliegenden, großen, dunklen, *sehr* ernsten Augen, aus denen er mich anblickte. Tief im Inneren seiner Augen leuchtete es – ja, wie soll ich das beschreiben – wie ein Funkeln von blitzenden Kristallen oder wie ein Funkeln und Strömen von unbeschreiblicher Güte – ja, und auch einer gewissen Strenge. Tiefe Wärme einerseits, andererseits leuchtete großer Ernst aus den Augen. Gleichzeitig lag in diesem Blick etwas wie eine Frage.

Nun erst wuchs mein Staunen darüber, dass im Augenblick des Schauens in mir gar kein Zweifel an der Richtigkeit der Stimme in meinem Innern bestand.

Ein altes Mitglied unserer Gemeinde starb an einem Sonntag im 92. Lebensjahr.

Sie hatte Jahrzehnte hindurch regelmäßig an den Gottesdiensten der Christengemeinschaft teilgenommen.

Am Donnerstag nach ihrem Tode sah ich sie während des Gottesdienstes heranschweben. Die Kerzen am Altar waren gerade entzündet. Sie schwebte zu ihrem früheren Sitzplatz und wieder zurück zum Altar. Dort blieb sie mit leuchtenden Augen «stehen» und verschwand erst wieder, nachdem die letzte Kerze gelöscht war.

Im Anschluß daran traf ich beim Warten auf den Bus die Ministrantin. Sie fragte mich: «Was war das nur heute in der Weihehandlung für eine

Stimmung?! So etwas habe ich noch nie erlebt.»

Ich sagte ihr, die verstorbene Frau S. sei während des ganzen Gottesdienstes als Geistgestalt anwesend gewesen.

«Ach, daher», sagte sie, «ach ja, ich bin sehr froh, dass Sie mir das sagen. Jetzt kann ich die Atmosphäre ganz anders verstehen.»

Zwei Träume

Ich möchte nun von zwei Träumen erzählen, die für das spätere Geschehen wichtig sind.
Wenn bestimmte Träume öfter wiederkehren, haben sie einen besonderen Bezug zum vergangenen Leben. Diese Träume habe ich wiederholt genau gleich geträumt.

Einmal träumte ich von einem Dorf, in dem viele Menschen wohnten. Von einem Berg sahen sie Rauch aufsteigen und sagten: «Der Alte kocht wieder.»

Dieser lebte dort oben in einer Hütte. Er sammelte Kräuter und kochte daraus Tees für die Kranken.

Die Bewohner des Dorfes zogen mit irdenen Krügen, zum Teil Steinkrügen, die sie auf dem Kopf trugen, hinauf auf den Berg zu dem alten Mann. Er schaute sie aufmerksam an und gab ihnen dann die richtigen Tees.

Damit endete dieser Traum. Er hat sich oft in genau der gleichen Weise wiederholt. Er hieß: «Der Alte kocht.»

In dem zweiten Traum war da eine große alte

Küche. An der Seite stand ein großer Herd mit einer eisernen Platte. Über dem Herd hingen Pfannen aus Eisen und ein gewaltiger Kessel.

Die Küche hatte in der Mitte zwei weit auseinanderstehende Säulen, zwischen denen ein sehr langer Tisch stand, der eine dicke Holzplatte hatte. Auf dem Tisch lag ein riesiger Fisch, wenigstens von der Größe eines Delphins.

Aus einem runden Fenster sah man hinab in ein tief unten liegendes Tal.

An einem Ende des Tisches stand ein Koch mit weißer Mütze und sah mit betrübter Miene auf den Fisch.

Plötzlich hörte ich Schritte eine ausgetretene Steintreppe herabkommen. Es erschien eine Gestalt, offenbar eine Ordensschwester, mit dunklen Augen in einem schmalen Gesicht. Die Haube verdeckte ihre Stirn. Um den Hals trug die Frau eine lange eiserne Ordenskette mit dem Kreuz Christi. Sie blieb auf der untersten Stufe stehen und sah den Koch an. Dieser wandte sich ihr zu und sagte: «Ich habe noch nie in meinem Leben einen so großen Fisch zerteilt.»

Da antwortete die Ordensschwester etwas streng und bestimmt: «Dann wirst du es eben jetzt lernen», drehte sich um und stieg die Treppe hinauf. Das Ganze muss in einem Kloster gewesen sein.

Dieser Traum kehrte auch sehr oft wieder, und die Gestalt der Ordensschwester prägte sich mir besonders ein.

Während des Golfkrieges

Als der Golfkrieg anfing, saß ich eines Tages zu Hause in meinem Zimmer und gedachte der vielen Verstorbenen aller Kriege. Voller Sorge überlegte ich, wie schrecklich es wäre, wenn dieser Golfkrieg sich zu einem dritten Weltkrieg ausweitete.

Plötzlich füllte sich mein kleines Zimmer mit Soldaten. Es waren so viele, wie eigentlich gar nicht in den kleinen Raum hineinpassten. Im Moment war ich doch erschrocken und wusste nicht, was es zu bedeuten hatte. Dicht gedrängt standen sie Kopf an Kopf mit aufmerksamen Augen vor mir.

Ich sprang aus meinem Sessel auf, breitete weit die Arme aus und rief: «Ich grüße euch alle! Ich weiß, dass euer Leben nicht zu Ende gelebt war. Ich weiß, dass ihr sehr bald wiedergeboren werdet.»

So plötzlich wie sie gekommen waren, verschwanden sie auch. Ich wusste, dass es Soldaten waren, weil sie Uniformen trugen. Ich bin mir nicht sicher, ob ich sie in Uniformen aus dem Ersten oder Zweiten Weltkrieg sah. Es waren unterschiedliche Uniformen.

Ich setzte mich wieder zurück in meinen Sessel und war erschüttert über dieses gewaltige Erlebnis.

Der Lesekreis

Es gibt viele Menschen, die einen Lesekreis haben, die zusammenkommen, um sich gemeinsam ein Buch zu erarbeiten. Ich gehörte auch zu solch einem Lesekreis. Wir kannten uns schon viele Jahre und waren gute Freunde.

Eines Tages hatten wir ein schwieriges Thema durchgenommen und machten danach eine Pause. Zwei Damen gingen hinaus und kochten einen Tee für uns.

Als ich aus dem Fenster blickte, sah ich dort plötzlich eine helle, wunderschöne geistige Gestalt stehen und rief spontan den anderen zu: «Ach, wenn Sie doch auch sehen könnten, wer dort draußen steht!» Alle schauten mich ein wenig verblüfft an, sie verstanden mich nicht ganz.

Während wir den Tee tranken, entspann sich ein Gespräch. Eine Dame sagte etwas streng: «Ich finde, Rudolf Steiner verlangt viel zu viel von uns. Wir sollen noch bis zum Ende des Jahrhunderts fähig werden, übersinnliche Erfahrungen zu machen. Das ist ganz und gar unmöglich. Das gibt es nicht. Ich bin noch keinem einzigen Menschen begegnet, der geistige Wahrnehmungen hatte.» Sie war also sehr ablehnend gestimmt.

Eine andere Dame sagte zu ihr: «Aber Sie wissen doch gar nicht, ob es nicht doch schon viele Menschen gibt, die geistige Wahrnehmungen haben. Vielleicht bewahren sie es nur in ihrem Inneren, weil es für sie ein kostbares Gut ist, das sie nicht gerne so ohne weiteres mitteilen wollen.»

«Das glaube ich nicht», antwortete die erste Dame und fuhr geradezu hoch dabei. «Nein, das gibt es nicht. Das glaube ich nicht, und es ist auch nicht möglich.»

Wir konnten sie nicht von ihrer Meinung abbringen.

Darüber vergingen nun etliche Jahre. Wir waren alle alt geworden. Einige von uns lebten inzwischen im selben Altersheim unserer Stadt. Ich traf dort meine Freunde wieder, darunter auch unsere liebe Zweiflerin.

Im Altersheim begegnet man natürlich sehr vielen Menschen, die Leidende sind und in absehbarer Zeit vor dem Tode stehen werden. Bald gehörte auch unsere Freundin zu diesem Kreis. Sie kämpfte gegen ihre zunehmende Schwäche und erklärte mir eines Tages: «Ich bin noch nicht reif zum Sterben.»

Bald wurde sie aber immer schwächer und musste sich noch drei Tage zu Bett legen. Sie lag in ihrem Zimmer und sah jeden mit großen Augen an, sprechen konnte sie nicht mehr. Wir Freunde beschlossen, umschichtig bei ihr zu wachen, um sie nicht allein zu lassen.

Als ich an der Reihe war, sprach ich ganz einfach mit ihr, wie mit einem noch ganz gesunden Menschen, der alles hört und versteht.

Ich sagte ihr, dass sie nun bald von ihrem Engel abgeholt werden würde in die geistige Welt. Sie blickte mich mit großen, sehr ernsten und traurigen Augen an.

Als ich das nun ausgesprochen hatte, sah ich plötzlich an ihrer linken Seite von oben ihren Engel herabgeflogen kommen. Er hatte seine Arme zunächst über sich gebreitet nahm sie dann auseinander und neigte sich mit einer hoheitsvollen Gebärde herab zu der Kranken und umschloss sie mit seinen Flügelarmen. Und so gütig, wie die Engel meistens schauen, blickte er sie an. Dann erhob er sich und schwebte ganz langsam einfach davon. Ich habe ihn nicht mehr gesehen. Aber zur gleichen Zeit, als er verschwand, erschien der Tod selber.

Viele kennen sicher die Gestalt des Todes von einem Bilde, das Dürer gemalt hatte. Ich dachte in dem Moment daran, als ich den Tod sah, aber es war doch wiederum anders, denn Dürers Bild ist natürlich irdisch gemalt und nicht zu vergleichen mit einer übersinnlichen Gestalt des Todes. Aber dieser Tod hatte nicht das Leuchten des Lebens wie ein lebendiger Engel. Der Tod war der Abschied für die Kranke vom irdischen Leben, von aller Substanz ihres Leibes, von allem äußeren Dasein ihres sonst so lebendigen Wesens. Er flog langsam auf der linken Seite dicht über ihren Körper und blieb etwa an ihren Knien stehen. Und ich wusste, daß meine Freundin nun von diesem Leben Abschied nehmen und in ein neues Leben des Geistes hinübergehen würde.

Es klopfte an der Tür, und eine Nichte der Sterbenden, die Ärztin war, kam herein. Sie stand ein wenig erschrocken am Bett und sagte: «Ach, hier hat sich aber etwas sehr verändert.» Und zu mir gewandt: «Gehen Sie jetzt ruhig. Ich werde die Nacht über wachen. Schlafen Sie jetzt. Ich bleibe hier und lasse meine Tante nicht allein.»

So war der Abschied von der Freundin auch für mich gekommen. Sie ist dann am frühen Morgen um sechs Uhr – soweit ich mich erinnere – ganz sanft eingeschlafen, wie mir die Nichte sagte.

Ich selbst habe tief bedauert, der Sterbenden nichts von ihrem Engel gesagt zu haben. In der Erinnerung an sie tut es mir heute noch leid, dass ich dies nicht tat, denn es hätte ihr, diesem lieben Menschen, der doch immer noch Zweifel hatte, vielleicht doch geholfen, wenn sie gewusst hätte – und sie hätte es vielleicht im Sterben angenommen –, dass ihr Engel so nah um sie war. Es wurde von mir versäumt, ich kann es nicht mehr ändern. In Gedanken habe ich sie aber hinterher mit diesem Erlebnis noch viele Wochen begleitet.

Wie ein Mensch
Depressionen überwand

Ich kannte Frau F. viele Jahre. Wir waren befreundet. Sie hatte drei Kinder, die schon alle erwachsen waren, hatte ihren fröhlichen Mann verloren und war nun schon etliche Jahre allein. Sie musste dann wegen Depressionen in eine Klinik, und da ich in der Nähe wohnte, besuchte ich sie dort oft. Sie konnte dort alle möglichen Beschäftigungstherapien bekommen, Malen, Basteln, auch Spinnen und Stricken, aber das war alles noch viel zu früh für sie, denn sie war dazu noch gar nicht imstande. So gingen wir nur im Anstaltsgelände spazieren, und jedesmal wiederholte sich die gleiche Frage an mich: «Ist dieses Haus auch hoch genug für mich, dass ich auch wirklich tot bin, wenn ich mich hinabstürze?» Ich versuchte ihr dann klarzumachen, dass das keine Lösung sei und dass ihr Engel es ganz bestimmt nicht gutheißen würde.

«Ach so», meinte sie dann erstaunt, «mein Engel?»

Ich sagte: «Ja, der ist doch immer um Sie, Ihr Engel.»

«Ja, aber denkt er denn auch meine Gedanken?»

«Ja, sicher», sagte ich. «Er wird alles mitdenken, was Sie denken. Versuchen Sie doch, sich mit ihm in Verbindung zu setzen.»

«Ja», sagte sie nur, aber es klang zögernd, sie konnte den Gedanken nicht so recht annehmen.

Da ich mir Sorgen gemacht hatte, ging ich am nächsten Tag wieder hin und sagte ihr, auf dem Heimweg hätte ich sehr an sie gedacht und wäre betrübt gewesen, ihr nicht helfen zu können, denn im Grunde müsste sie selbst zur Einsicht kommen. Aber sie brächte ja eigentlich auch ein großes Opfer.

«Ich – ein Opfer?» fragte sie. «Wieso?»

«Ja», sagte ich, «ich habe auf dem Heimweg gedacht, Sie lassen es mich erleben, wie furchtbar das sein muss, Depressionen zu haben. Ich kenne das selbst nicht. Und nun erlebe ich es an Ihnen. Und ich erlebe gleichzeitig, dass ich *überhaupt nicht* dankbar genug dafür gewesen bin in meinem Leben, dass ich so etwas nicht durchleiden muss. Darum, meine ich, bringen Sie ein Opfer, auch für die Schwestern, die Sie pflegen. Letzten Endes auch für die Ärzte. Wenn sie selbst keine Depressionen haben, empfinden sie das ja vielleicht auch mit Dankbarkeit und versuchen, Ihnen besser zu helfen.»

«Ach so», sagte sie noch einmal ganz erstaunt.

Das Schicksal griff aber noch anders ein. Sie fiel hin, brach sich den Oberschenkel, musste in eine andere Klinik und wurde sehr krank. Sie bekam eine Lungenentzündung, ein Schlaganfall folgte, und wir aus dem Freundeskreis wurden benachrichtigt, wenn wir sie noch einmal sehen wollten, dann sollten wir sie doch jetzt besuchen, und das taten wir auch. Als wir an ihrem Bett standen, hatten wir das Gefühl, dass es der Abschied war. Aber das war viel zu früh gedacht, denn sie erholte sich. Ihre Kinder, die Ärzte waren, fanden ein gutes Pflegeheim in der Nähe der Heimatstadt. Dort besuchten wir sie nach einiger Zeit und waren zutiefst überrascht. Da saß sie in einem Rollstuhl in ihrem Zimmer am Schreibtisch, umgeben von Büchern und Blumen. Als sie unsere Stimmen hörte, drehte sie sich lebhaft zu uns um. «Da seid ihr ja! Ich freue mich.»

«Wie geht es Ihnen denn?» fragten wir.

«Mir geht es ganz gut», antwortete sie, «aber ich habe so viel nachzuholen. Ich habe so viel versäumt, dass ich jetzt immer beschäftigt bin.» Dabei fiel ihr der gelähmte Arm herab. Sie ergriff ihn mit der gesunden Hand, warf ihn mit kühnem Schwung zurück in ihren Schoß und ließ sich dadurch nicht in ihrem Erzählen unterbrechen.

Wir tranken Kaffee und waren ausgesprochen fröhlich zusammen. Als wir nach dem Besuch wieder ins Auto stiegen, um nach Hause zu fahren, saßen wir voller Staunen zunächst einmal still da und empfanden es als ein großes Wunder, dass unsere Freundin offenbar von ihren schweren Depressionen befreit war. Wir waren wirklich zu Tränen gerührt. Uns schien sie zufrieden zu sein und sehr viel glücklicher, als wir sie in den letzten Monaten erlebt hatten.

Bei unseren nächsten Besuchen fanden wir, dass ihre körperliche Schwäche zunahm, aber ihre geistige Regsamkeit war geblieben.

Eines Tages bekamen wir die Nachricht, dass sie friedlich eingeschlafen war. Wir fuhren zur Trauerfeier in die kleine Kapelle des Pflegeheims. Der Pfarrer, der sie gut kannte, hielt eine liebevolle Ansprache und hob darin hervor, wie bewundernswert die Verstorbene ihr Schicksal getragen hatte.

Plötzlich sah ich über dem Altar ihre Gestalt. Sie war wie umhüllt von lebendig ineinanderfließenden Pastellfarben, die von hellem Glanz erfüllt waren. Ihre Augen leuchteten und blickten zu ihrer Familie hin. Mir schien, dass ihre strahlende Erscheinung zum Ausdruck brachte: Ich habe mein Schicksal erfüllt.

Vor einer Operation

Ich war wegen einer bevorstehenden schwierigen Operation im Krankenhaus. Ich hatte Sorge, ob ich den Eingriff überstehen würde.

Während ich aus dem Fenster schaute, überlegte ich mir, dass ich mich zum Sterben absolut noch nicht reif fühlte. Außerdem konnte ich doch meine Familie nicht im Stich lassen. Wenn der Himmel es aber anders wollte, musste ich mich wohl fügen. Aber ich fügte mich sehr ungern.

Plötzlich sah ich in weiter Ferne etwas Seltsames. Es war, als ob von weither, hoch über den Dächern der Stadt, eine Geistgestalt immer näher käme. Als sie herankam, erkannte ich in ihr die gleiche, die uns im Lesekreis besucht hatte. Sie stand dann vor meinem Fenster und schaute mich voller Güte an.

War das Michael? In mir tönte seine Stimme: «*Du – sollst – leben!*» Diese Stimme erfüllte draußen den Abendhimmel, und gleichzeitig tönte sie auch in mir. Das ist sehr schwer zu beschreiben. Diese Worte: «*Du – sollst – leben!*» wiederholten sich noch einmal groß und gewaltig. Als diese Erscheinung verschwunden war, erfüllten mich Zuversicht und Freude.

Der Arzt kam, setzte sich zu mir auf die Bettkante und fragte: «Haben Sie Angst?»

«Nein», sagte ich, «kein bisschen.»

«Das ist gut so», antwortete er, «dann wird auch alles gut gehen.»

Es wurde alles gut. Nach vier Wochen war ich bereits wieder zu Hause.

Im Sanatorium

Ich hatte grauen Star und musste mich kurz nach dem Tod meines Mannes an beiden Augen operieren lassen. Es traten Blutungen auf der Netzhaut auf, und ich sah fast täglich schlechter. Hell und dunkel konnte ich noch unterscheiden, auch manche Farben wahrnehmen, aber ein Buch zu lesen war für mich unmöglich geworden. Das war alles verständlicherweise sehr deprimierend für mich. Außerdem musste ich endgültig das Autofahren aufgeben.

Ich begab mich in ein kleineres Sanatorium, in dem ich schon mehrfach, auch zusammen mit meinem Mann, gewesen war, um mich zu erholen. Dort lebte ich acht Tage sehr zurückgezogen und schweigsam, im Inneren aber revoltierte ich.

Ich rang mit allen Engeln, mit Gott und Christus und haderte mit meinem Schicksal. Eines Tages ging ich in den tiefen, dunklen Wald, den ich noch als gut sehender Mensch kennen gelernt hatte, setzte mich dort auf eine Bank und schimpfte mit der geistigen Welt: «Wie könnt ihr das verantworten? Ich habe so viele Aufgaben im Leben zu erfüllen. Ich muss für andere Menschen noch da sein können, und jetzt kann ich nichts mehr – – –.»

Und ich rief laut in die Dunkelheit hinein: «Wie soll ich Rudolf Steiners Spruch verstehen:

> In den unermesslich weiten Räumen,
> in den endelosen Zeiten,
> in der Menschenseele Tiefen,
> in der Welten Offenbarung
> suche des großen Rätsels Lösung.

Wie soll ich des großen Rätsels Lösung suchen, wenn ich nicht einmal weiß, wer ich war, wer ich bin und wer ich sein soll? Ihr da oben müsst doch verstehen, dass ich jetzt die Wahrheit über mich wissen muss! Wie soll ich die unermesslich weiten Räume erkennen können, und wie kann ich in der Menschenseele Tiefen etwas finden im Anderen, wenn ich nicht einmal genug über mich selber weiß? Wo soll ich dann anfangen zu suchen? Ich kann doch gar nicht suchen, wenn ich nicht weiß, wo ich suchen muss in mir.»

Ich war zornig und wütend über die geistige Welt, die mich so wenig hatte wissen lassen.

Als ich dann am Abend zurückkam, in mein Stübchen ging und schlafen wollte, konnte ich keine Ruhe finden. Ich dachte an meine Vorwürfe der geistigen Welt gegenüber und sagte streng zu mir: «Wie konntest du mit derartigen Vorwürfen die geistige Welt anrufen!? Bitte verzeiht mir meine Heftigkeit. So, wie ich mit euch geschimpft habe, darf ich nicht mit den Geistern der geistigen Welt umgehen. Bitte versteht, es ist aus meiner Verzweiflung geschehen. Ich will versuchen, nun mein Schicksal zu tragen. Vielleicht darf ich ja eines Tages Antwort bekommen auf meine Fragen. Ich bitte nochmals um Vergebung.»

Plötzlich verwandelte sich – und das ist wirklich wahr – der Raum meines Zimmers. Die Wand wich zurück. Vor mir lag ein sehr großer Raum, von hellem Licht umflossen. Er war geteilt durch einen schmalen Gang in der Mitte. Rechts und links sah ich sehr viele Gestalten in goldenen Bilderrahmen. Auf der rechten Seite vor den Bildern stand eine Art Thron, auf dem eine Gestalt saß. Der Thron war hoch und weiß und hatte eine ovale Rundung oben, die das Haupt dessen, der darin saß, überragte.

Auf den weißen Armlehnen waren ganz schmale goldene Ränder. Der Thron war auch von einem schmalen Goldrand umgeben.

Die Gestalt auf dem Thron hatte schneeweißes Haar und ein kleines weißes Käppchen auf dem Haupte. Sie trug ein weißes, weich fließendes Gewand wie aus Seide, das bis zur Erde reichte, aber die Füße freiließ, die auf der Erde ruhten. Ihre schönen Hände lagen ausgebreitet auf den Lehnen des Thrones. Ihr Antlitz war durchstrahlt von Augen, die mich unendlich gütig anblickten.

Es sah so aus, als säße diese Gestalt vor einer Schulklasse – um es mit irdischen Worten irgendwie auszudrücken.

Nun betrachtete ich die geistigen Wesen, die ich bis zur Brust, wie Gemälde in den Goldrahmen abgebildet, vor mir sah.

Es ist schwierig zu beschreiben, wie ich die Gestalten in den Bildern *lebendig* wahrnehmen konnte: Sie lebten, obwohl sie in den Bilderrahmen waren, aber im Grunde lebten sie durch ihre lebendigen Augen.

Alle, oder doch die meisten, trugen eine Kopfbedeckung, die der Zeit entsprach, in der sie wohl gelebt hatten. Immer dann, wenn ich das Bild in mich aufgenommen hatte, wurden die Kopfbedeckungen wie durch einen zarten Windhauch nach hinten weggeweht. – Mit unbeschreiblichem Staunen sah ich ein Bild nach dem anderen an.

«Ach», dachte ich, «da ist ja auch die Äbtissin des Klosters, die ich mehrfach im Traum gesehen habe.» Hinter ihr – auf einem anderen Bild – war ein etwa achtjähriges Mädchen zu sehen, das ein Blumenkränzchen im Haar trug und auf einer grünen Wiese stand.

Dann sah ich ein etwa sechzehnjähriges Mädchen mit einem weißen Kleid, das sich bückte, um auf einer Wiese Blumen zu pflücken. Auch dieses war in ganzer Gestalt zu sehen.

Meine Augen erblickten zwei Reihen hinter den Kindern die Gestalt eines Mannes, der sein blutüberströmtes Haupt zur Seite geneigt hatte. Seine Augen waren geschlossen. Er war durch einen Schwerthieb getötet worden.

Ganz erstaunt erblickte ich einen alten Mann, der mich aus tiefliegenden großen Augen anschaute. Er war mir aus einem anderen Traum wohlbekannt. Es war der Kräutersammler, der für die Kranken Tees kochte.

Es waren dort ungefähr fünfunddreißig Gestalten.

Nachdem ich alle in ihren schmalen Goldrahmen *tief bewegt* angeschaut hatte, sagte ich zu der weißen Gestalt: «Sind das alles meine Iche?»

Und die Antwort kam mit einer klingenden, tönenden, gewaltigen Stimme wie bei einem Echo hallend oder wie aus Weltenweiten eindringlich: «*Du – hast – es – gewollt.*»

Danach verschwanden die Bilder und die Gestalt, und das Zimmer hatte wieder sein ursprüngliches Aussehen.

Es war inzwischen Morgen geworden. Ich stand aus meinem Bett auf, öffnete die Balkontür und atmete tief und befreit die Morgenluft ein – voller Dankbarkeit.

Da sah ich über dem Wald eine sehr große

Gestalt heranschweben und mitten über dem Sanatorium «stehen» bleiben. Sie breitete ihre Arme weit aus und blickte mit großen, leuchtenden Augen auf das Sanatorium. Da wusste ich sofort: «Du segnest jetzt alle Kranken, die hier Genesung suchen.» Diese Gestalt löste sich dann in feinen, flockigen Wölkchen auf und verschwand.

Plötzlich wurde ich sehr müde, legte mich wieder hin und schlief sofort ein.

Am späten Vormittag klopfte es an meiner Tür, eine Schwester weckte mich: «Sie sind gar nicht zum Frühstück gekommen. Geht es Ihnen nicht gut?»

«Es geht mir großartig», sagte ich, «ich fühle mich sehr erfrischt. Kriege ich vielleicht trotzdem noch eine Tasse Kaffee?»

Von da an waren alle Zukunftssorgen wie weggeblasen. Am Tisch war ich kein schweigsamer Gast mehr, sondern ein frohgestimmter, hoffnungsvoller Mensch mit den anderen zusammen.

Am Nachmittag ging ich noch einmal in den dunklen Wald zu «meiner» Bank, mit Ausblick auf eine Lichtung, aber nun mit ganz anderen Gefühlen.

Es war für mich alles noch sehr neu, die Bilder der Nacht tauchten noch einmal in der Erinnerung vor mir auf – der Hüter des Karma (die weiße Gestalt), dessen Stimme noch in mir weiterklang: «*Du – hast – es – gewollt*» – – –

So saß ich da auf der Bank in allertiefster Dankbarkeit der geistigen Welt gegenüber, die mir meine Heftigkeit am Abend vorher verziehen hatte.

Ich hätte ja all diese Bilder nicht zu sehen bekommen, wenn mir nicht verziehen worden wäre. Wie war ich froh!

Plötzlich hörte ich leichte Schritte neben mir, eine Dame stand vor mir und fragte: «Darf ich mich zu Ihnen setzen?»

«Ja gern», erwiderte ich. «Sind Sie ein neuer Gast im Sanatorium?»

«Nein», antwortete sie. «Ich wohne gar nicht hier, sondern ziemlich weit weg im Altersheim. Ich bin aber gar nicht glücklich dort. Es war ganz merkwürdig heute, dass ich unbedingt hierher auf eine Bank kommen sollte –»

«Kannten Sie denn diese Bank?»

«Nein, ich wusste gar nicht, wo sie war – eigentlich seltsam», sagte sie. Dann begann sie zu erzählen: «Mein Mann ist vor wenigen Wochen gestorben. Wir waren nur ganz kurz gemeinsam hier im Altersheim. Ich bin unglücklich mit den vielen Frauen zusammen. Mein Mann hatte einen Beruf, in dem er nur mit Männern arbeitete. Sie kamen oft als Gäste zu uns, und ich hatte eigentlich nie Besuch von Damen. Nun muss ich erst einmal lernen, wie man mit Frauen umgeht, die sind ja so anders.»

Wir lachten beide darüber, dann fragte ich sie, ob sie sich so unglücklich fühle, dass sie dort wieder weg wolle.

«Ach», meinte sie etwas erstaunt, «daran habe ich eigentlich noch nicht gedacht.»

«Wäre es denn möglich, dass Sie wieder dorthin zurückkehrten, wo Sie gelebt haben?»

«Möglich? Daran habe ich noch gar nicht gedacht, aber das wäre natürlich eine Idee. Das wäre ja ganz wunderbar, wenn ich hier wieder raus könnte. O ja, das wäre wohl das Richtige für mich, aber ich will darüber nachdenken.»

Sie wurde beim Reden ganz aufgeregt und erzählte lebhaft weiter:

«Wissen Sie, alle sind sehr lieb und nett mit mir. Sie wollen, dass ich eine Aufgabe übernehme. Aber der Eindruck vom Tod meines Mannes ist noch so frisch, da kann ich das einfach noch nicht. – Oh, ich muss mich jetzt schnell verabschieden, damit ich zum Abendbrot zurechtkomme. Darf ich Sie wieder besuchen?»

«Ja gern», erwiderte ich.

«Morgen schon?»

«Ja, das können wir machen.»

Wir trafen uns dann noch öfter, ich besuchte sie auch in ihrem Heim, und eines Tages dachte ich ganz glücklich: «Es gibt also doch noch Aufgaben für mich.»

Nachdem ich wieder zu Hause war, blieben wir noch in telefonischer Verbindung. Eines Tages rief sie mich glücklich an: «Denken Sie, ich bleibe nun doch im Altersheim. Ich habe inzwischen eine Aufgabe gefunden, die mich interessiert und die ich gern tue. Ich habe nette Menschen gefunden, mit denen ich mich direkt befreundet habe, und ich fange an, hier glücklich zu sein.»

Für mich bedeutete diese Begegnung, dass ich Aufgaben vor mir sah, anderen Menschen in Gesprächen Hilfestellung zu geben. Meine schlechten Augen sind dafür überhaupt kein Hindernis. So wuchs in mir der Mut zu neuen Anfängen in meinem Leben immer mehr, und er hat mich bis heute nicht verlassen.

Ein Freitod

Es gibt heute nicht wenige Eltern, die unter gesunden Kindern ein behindertes Kind haben. Ich kannte eine Familie, der es so erging. Im Laufe der Jahre schwanden die Kräfte der Mutter mehr und mehr dahin. Sie hatte das Gefühl, weder der übrigen Familie noch dem hilfebedürftigen Kind ganz gerecht werden zu können. Sie entschloss sich dann nach vielen Überlegungen, den inzwischen erwachsenen Sohn in ein Heim zu geben. Überall bekam sie Absagen.

In ihrer großen Verzweiflung und Hoffnungslosigkeit nahm sie sich eines Tages mit dem Sohn zusammen das Leben.

Als ich diese Nachricht erhielt, hatte ich gerade an meiner kleinen Orgel gespielt. Ich war zutiefst erschüttert.

Plötzlich sah ich die Mutter vor mir. Sie hielt ihren Kopf tief gesenkt. «Sieh mich an», bat ich sie. Sie hob den Kopf und sah mich mit todtraurigen Augen an.

Hinter ihr stand groß und aufrecht ihr Sohn.

Um seine Stirn lag ein schmaler Goldreif. Er hatte die Hände auf die Schultern seiner Mutter gelegt und sah mit einem unbeschreiblich gütigen Ausdruck zu ihr herab. Von diesem Verstorbenen ging eine tief beeindruckende hoheitsvolle Souveränität und Ruhe aus.

Spontan sagte ich zur Mutter gewandt:

«Du hast deinen Sohn einundzwanzig Jahre lang behütet, nun behütet er dich.»

In mir klang plötzlich die Strophe eines Liedes auf, und – vielleicht um über die eigene Erschütterung Herr zu werden – spielte ich sie ganz leise auf der Orgel:

> Ein leises Lied, ein stilles Lied,
> ein Lied so fein und so lind,
> wie ein Wölkchen, das über die Bläue zieht,
> wie ein Wollgrasflöckchen im Wind.

Als ich mich umwandte, waren die beiden für mich nicht mehr sichtbar.

Ein böser Geist

Als ich eines Abends spät nach Hause kam und das Licht anknipste, sah ich in der Ecke meines Zimmers eine fremde Gestalt.

Im ersten Moment fuhr ich entsetzt zurück, weil ich glaubte, es sei ein Einbrecher. Dann erkannte ich, dass es gar kein menschliches Wesen war. Ich sah eine sehr dunkle Gestalt mit weit auseinanderliegenden Augen, die rot zu glühen schienen, und ich hatte den Eindruck, dass es der Teufel selber sei. Es war ein fürchterliches Wesen, das mich mit brennendem Blick anschaute.

Ich stand noch immer an der Tür, hatte Angst und wagte nicht hineinzugehen, weil die Kraft dieser glühenden Augen so unheimlich und böse war. Nachdem ich den ersten Schock überwunden hatte, sagte ich streng zu ihm: «Was fällt dir ein, hier hereinzukommen?! Du hast hier nichts zu suchen. Ich will, dass du sofort mein Zimmer verlässt!» Aber er rührte sich nicht. Ich befahl es ihm zweimal, aber er verschwand nicht. Dann raffte ich mich auf, überwand meine Angst und sagte zu ihm: «Ich weiß, dass es euch Teufel gibt. Ihr steckt in allen Kriegen, ihr seid in allem Bösen zu finden.» Da er noch immer nicht verschwand, sprach ich das Vaterunser. Das konnte er nicht ertragen. Außerdem machte ich ein Kreuz. Da war er plötzlich verschwunden.

Der leuchtende Mensch

Der Mensch ist immer für mich eines der größten Weltwunder. Jeder Mensch ist äußerlich vom anderen verschieden, aber der physische Leib unterliegt bei allen Menschen den gleichen Bedingungen. Ein Beispiel: Kommt der Mensch an einem Wintertag in eine kalte Wohnung, dann friert er. Wenn er Gelegenheit dazu hat, wird er sich ein Feuer im Kamin machen und einen heißen Tee kochen. Er schaut den Flammen zu, die knistern und prasseln, zusammenfallen und eine Glut bilden. Sie erzeugen Wärme durch den Verbrennungsprozess.

Der Mensch braucht Nahrung, um existieren zu können. Die Nahrung wird durch die Zähne zerkleinert, sie geht weiter durch die Speiseröhre in den Magen; der schickt ein paar Tröpfchen dazu, die Galle ein paar Tröpfchen, die Leber tritt in Aktion, die Milz, die Drüsen, die Niere, die Blase und der Darm, der den Rest der Verdauung ausscheidet. Nichts aber würde sich vollziehen können ohne unser wunderbares Herz mit seinem venösen und arteriellen Blutkreislauf. Es ruht niemals, ebenso wenig wie die Lunge. Beide arbeiten Tag und Nacht ein Leben lang im Rhythmus. Dies alles vollzieht sich beim gesunden Menschen ganz unbemerkt. Erst wenn es irgendwo da drinnen im Bauch weh tut, weiß er, dass etwas im Inneren gestört ist. Durch seelische Einwirkungen kann es geschehen, dass beim Menschen der Atmungsprozess beschleunigt wird und dass sein Herz schneller schlägt.

Wenn er sich an Musik begeistert oder am Anschauen eines schönen Bildes oder an den Worten einer Rede, ist es dann so unrealistisch zu denken, dass der Mensch leuchtet? Er «verbrennt» in sich seine Eindrücke und erzeugt unter Umständen feurige Wärme. Wir sagen doch auch: Ein Mensch hat eine große Ausstrahlung. Was verstehen wir eigentlich darunter? Wir fühlen, dass etwas Besonderes von diesem Menschen ausgeht. Viele Menschen fühlen das, ohne dass sie es sehen können. Wenn wir dieses Fühlen zu vertiefen in der Lage sind, können wir die Ausstrahlung tatsächlich als Leuchten um den Menschen herum sehen.

Oft ist es so, dass die Menschen durch Begeisterung bei einem Vortrag leuchten. Ich habe das mehrfach erlebt. Dieses Leuchten ist um den Kopf herum sichtbar. Die alten Meister haben es darzustellen versucht. Aber die aufgetragene Farbe bleibt unbewegt. Die sprühende Lebendigkeit um das Haupt eines leuchtenden Menschen ist nie wirklich darstellbar. Es ist so verschieden und wechselvoll. Manchmal sind es nur goldene Pünktchen um das Haupt, manchmal auch ganz zarte Farben wie in einem vergehenden Regenbogen, aber immer in fließender Bewegung.

Als ich einmal in einem Konzertsaal auf der Empore saß und den Dirigenten von vorne sehen konnte, leuchtete nicht nur der Taktstock, sondern auch der Dirigent selber war wie von einer Aura aus funkelndem lebendigen Licht umgeben.

Pferd – Löwe – Lamm

Ich stand an einem Abend in meinem Zimmer am Fenster und schaute in den Abendhimmel hinaus.

Plötzlich sah ich mitten am Himmel ein weißes Pferd. Ich war sehr erstaunt und sagte: «Ein weißes Pferd? Was machst du denn hier mitten am Himmel, du weißes Pferd?»

Es hatte ein schimmerndes weißes Fell, so schön, wie ich noch nie einen lebendigen Schimmel gesehen hatte. Ich sah das Pferd von der Seite. Unter dem Pferdekopf stand eine Gestalt, die mich anblickte. Sie war sehr schmal und trug in der rechten Hand einen Stab, der vom Himmel bis auf die Erde herabreichte. Er schien aus Eisen zu sein. Ich musste annehmen, dass es ein Speer war. Die leise Frage tauchte in mir auf: «Bist du Michael, der da unter dem Pferd steht?» Dann verschwanden die beiden wieder.

Nach längerer Zeit sah ich die beiden Gestalten wieder. Es war genauso schön wie zuvor. Auf dem Fell des Pferdes lag aber jetzt ein goldener Sattel. Die Gestalt stand nicht mehr unter dem Pferd, sondern neben ihm und hielt den langen Speer genau wie vorher in der rechten Hand. Dann verschwanden auch sie wieder.

Aber nun erschien nach einiger Zeit zu meiner allergrößten Verwunderung ein Löwe. Und da erschrak ich tief, denn er sah sehr böse aus. Er fletschte die Zähne, riss das Maul weit auf und kam so nah, dass ich das Gefühl hatte, er würde gleich auf mich springen. Aber dann überwand ich meine Furcht und sagte zu ihm: «Du Löwe, warum bist du so böse mit mir? Was hab' ich dir getan?» Der Löwe verschwand.

Im Nachdenken über dieses Erlebnis habe ich zu verstehen gesucht, was der Löwe für mich zu bedeuten hatte. Ich fand für mich die Antwort, dass mich das Bild des Löwen auf eigene Unzulänglichkeiten aufmerksam machen wollte.

Der Löwe kam nie wieder, aber nach einiger Zeit erschien wieder das Pferd. Es hatte sich verändert. Es war nicht mehr so schneeweiß, sondern blutbesprenkelt. Der goldene Sattel war verschwunden. Ich war sehr traurig und fragte erschrocken: «Du liebes Pferd, was hat man dir getan? Wie siehst du aus? Bist du in einem Krieg gewesen?» Aber das Pferd antwortete mir nicht. Die Gestalt neben dem Pferd war nicht mehr da.

Innerhalb einiger Monate tauchte das Pferd immer öfter auf. Es schien dabei immer kleiner und immer weniger zu werden. Es schmolz sozusagen dahin.

Mich erfüllte eine tiefe Traurigkeit und gleichzeitig auch eine gewisse Einsamkeit, ein Gefühl der Verlassenheit.

«Du, Pferd, verlässt mich jetzt, und du, Gestalt. Vielleicht bist du gar nicht Michael? Du hast mich jetzt auch verlassen», dachte ich.

Aber ganz langsam entwickelte sich aus diesem «kranken» Pferd (so hatte ich den Eindruck) ein ganz zartes, werdendes Lamm. Zuerst sah ich es wie einen kleinen Schatten, aber ich konnte die Umrisse eines Lämmchens schon erkennen.

Eines Tages, als es wieder einmal gekommen war, sah ich an der linken Seite seines Köpfchens, über dem Ohr, zwei fingerbreite, schräg auseinanderlaufende Strahlen. Sie waren golddurchwirkt und sehr lebendig.

«Ach, du kleines Lämmchen», sagte ich, «wie schön, dass du da bist als Bild für mich. Du Lamm Gottes, heißt es ja auch in der Bibel.»

So war ich wieder ein wenig getröstet und dankbar für alles, was ich wahrnehmen durfte.

Der Engel der Gemeinde

Wenn Menschen an einem Sonntagmorgen an einem Gottesdienst teilnehmen, still die Kirche betreten, sich im Inneren zur Ruhe bringen, der Orgel lauschen und dem Pfarrer zuhören, der aus den Evangelien liest, so kann eine Andachtsstimmung entstehen. Das ist eine Atmosphäre, die die geistige Welt liebt.

Es geschah also an einem Sonntag, da tauchte plötzlich wieder ein zartes geistiges Wesen auf, das zunächst ganz schattenhaft war. Ich konnte es gar nicht recht erkennen. Dieses schattenhafte Wesen war dann öfter da. Ich fragte nicht viel, wer das wohl sein könnte, weil ich inzwischen gelernt hatte, dass die geistige Welt Neugier nicht mag und sich dann sofort ganz zurückzieht.

Dann kam die Karwoche vor etwa zwei Jahren, und dieselbe Gestalt, die ich schon öfter nur ganz schwach gesehen hatte, erkannte ich jetzt als einen Engel. Er stand auf einmal als *strahlende* Gestalt neben dem Altar. Seine Augen leuchteten. Er blieb nur einen Moment am Altar. Dann schwebte er – ganz schnell und leicht –, die Arme über der Brust gekreuzt, vor die erste Reihe und sah den ersten dort sitzenden Menschen einen Moment voller Güte an, um dann zum nächsten zu gehen. Mit diesem wunderbaren Ausdruck in den Augen schwebte er von einem Menschen zum anderen und sah jeden an.

Ich habe mir hinterher überlegt, dass es knapp drei Sekunden gewesen sein mögen, aber man kann ja in ganz kurzer Zeit auch schon einen Menschen wahrnehmen.

So musste ich denken: Es *war* ja, es *ist* ja der Engel der Gemeinde, ein anderer könnte das gar nicht so tun. Das war mir einfach dann blitzartig klar geworden: Dieser Engel nahm uns alle wahr, jeden Einzelnen. Und so hat er wohl sämtliche Menschen, die an dem Gottesdienst teilnahmen, wahrgenommen, und ich durfte miterleben, wie er diese ganze Reihe entlangschwebte und mit gütigen Augen jeden Einzelnen ansah.

Er kam dann weiter zur zweiten Reihe, in der ich saß, sodass ich seine Augen in meinem Gesicht geradezu fühlte. Ich kann nur sagen, dass es ein tief bewegender Eindruck war, nun das Gefühl zu haben und zu wissen: Das hier *ist* der Engel der Gemeinde, der teilnimmt an uns, die wir auch an diesem Gottesdienst teilnehmen.

Es war ein so tröstliches Geschehen, weil ich von da ab wusste: Es gibt wahrhaftig diese geistige Welt und den Engel der Gemeinde, der sich mit den Menschen verbindet und sicher auch wissen will, mit wem er es zu tun hat. Und mit dieser großen Anteilnahme vollzog er sicher das Geschehen in der Karwoche mit, bei dem man sich mit dem Christus auf seinem Schicksalsweg zu vereinigen sucht.

Ich bin sicher, dass in jeder Kirche, gleich welcher Konfession, die sich mit Andachtsstimmung erfüllt, in der wirklich die Evangelien gelesen werden, wo beispielsweise die Politik draußen gelassen wird und nur das Christliche die Kirche durchströmt, auch ein Engel der jeweiligen Gemeinde da ist und die Menschen ansieht in der Hoffnung, auch von ihnen wahrgenommen zu werden.

Schlusswort

Ich möchte am Ende dieser Berichte eines Menschen in Verehrung und Dankbarkeit gedenken: des im Juni 1991 verstorbenen Dr. Friedrich Benesch. Er war Naturwissenschaftler und Theologe und stammte aus Siebenbürgen. Von 1934 bis 1944 war er dort Pfarrer in der evangelischen Kirche. Er ging gemeinsam mit seiner Gemeinde auf die Flucht und führte sie sicher in den Westen.

Von 1947 bis 1957 war Dr. Benesch Gemeindepfarrer in der Christengemeinschaft in Kiel. Danach leitete er zwei Jahrzehnte das Priesterseminar der Christengemeinschaft in Stuttgart.

Ich habe Dr. Benesch in den ersten Nachkriegsjahren in Kiel kennen gelernt und durch seine Evangelienkurse, seine Vorträge und seine Bücher den Weg in die Christengemeinschaft gefunden.

Dr. Benesch war ein guter Seelsorger und ein sehr guter, einfühlsamer Zuhörer. Mit ihm und seiner Frau verband mich außerdem eine herzliche Freundschaft.

Etwa zwei Jahre vor seinem Tod besuchte ich Herrn und Frau Benesch und hatte mit Dr. Benesch ein Gespräch, für das er sich viel Zeit nahm.

Ich durfte ihm alles berichten, was ich erlebt und geschaut hatte. Dabei stellte ich die Frage, was die Verstorbenen eigentlich von mir wollten. Darauf antwortete er: «Sie wollen von Ihnen gar nichts als wahrgenommen werden. Die Verstorbenen wollen wahrgenommen werden.» Er wiederholte das sehr ernst und eindringlich.

Als wir uns dann am anderen Tag noch einmal zum Gespräch trafen, sagte Dr. Benesch nachdenklich: «War das nicht wunderbar, was wir da gestern miteinander erleben durften?»

Das hat mich sehr gerührt, weil seine Worte mir zeigten, wie sehr er die Erlebnisse, die mir geschenkt worden waren, im Zuhören begleiten und miterleben konnte. Er war bewegt und sagte mir: «Sie haben mit wachem Bewusstsein und mit einem gesunden Menschenverstand berichtet. Das ist gut so. Irgendwelche Sentimentalität oder Schwärmerei passt nicht für die geistige Welt.»

Ich fuhr sehr dankbaren Herzens nach Hause zurück.

Zuversicht, Dankbarkeit und Freude begleiten mich bis heute.

Vom Inhalt dieser Schrift ist nichts erfunden. Ich habe alles, was hier steht, so erlebt.

Mich würde es freuen, wenn diese Erlebnisse den Leser etwas nachdenklicher gestimmt hätten und wenn er auch das Gefühl haben könnte, dass diese Frau Wegener trotz des ungewöhnlichen Inhaltes ihres Büchleins ein Mensch ist, der mit beiden Beinen fest auf der Erde steht.

Anhang

Mein Lebensweg

Meine Heimat Lomnitz ist ein Dorf in der Vorgebirgslandschaft des Riesengebirges in Niederschlesien. Nach dem Zweiten Weltkrieg wurde Schlesien polnisch.

Mein Vater, Martin Krieg, Landwirt und Kaufmann, besaß in Lomnitz ein kleines Bauerngut. Er hatte jahrelang als Kaufmann in China gearbeitet und kam 1906 zurück in seine Heimat. Er pachtete in Lomnitz auf zwanzig Jahre das Rittergut Lomnitz, zu dem ein Barockschloss gehörte, in einem schönen Park gelegen, durch den der Bober floss.

Mein Vater lernte meine norwegische Mutter, Ragna Johnsen, bei einem Geschäftsfreund in Hamburg kennen und heiratete sie bald darauf. In den Jahren 1909 bis 1919 wurden wir sechs Geschwister im Schloss Lomnitz geboren.

Vater liebte seine Familie und die Natur. Er war von strahlender Fröhlichkeit, auch immer zu einem Spaß aufgelegt. Gleichzeitig lag ihm aber daran, dass wir mit der Natur lebten und dass wir lernten, Achtung zu haben vor der Arbeit in der Landwirtschaft. Bei seinen Fahrten über die Felder nahm er uns oft mit.

Einmal zeigte er uns, wie ein Sämann Korn säte. Es gab ja noch keine Maschinen dafür. Mit gleichmäßigen, langen, ruhigen Schritten ging der Sämann über das Feld und streute das Korn auf den vorbereiteten Acker. Ein anderes Mal hielt Vater vor einem in Blüte stehenden Rapsfeld. Er forderte uns Kinder auf, an den Rand des Feldes mitzukommen, ganz still zu sein und zu lauschen. Was hörten wir da? Das ganze Feld summte von Hunderten von Bienen, die Honig sammelten.

Meine Mutter war künstlerisch begabt und schmückte das Haus durch ihren ausgeprägten Schönheitssinn mit Bildern, die sie zum Teil selbst malte, und mit bezaubernden Blumensträußen in allen Räumen. Sie hatte Freude an Musik und an Handarbeiten und bestickte unsere Kleider mit den schönsten Norwegermustern.

Den Leuten im Dorf half Mutter durch die Einrichtung einer Kinderschule (heute nennt man das Kindergarten), wo auch schon Säuglinge betreut werden konnten, und mein Vater besorgte einem Blinden aus dem Dorf das erste Radio, «damit er wieder mehr an der Welt teilhaben kann», wie er sagte. Meine älteste Schwester und ich mussten es ihm hinbringen. Mich beeindruckte es sehr, zum erstenmal zu sehen, wie jemand einen aus ganz erloschenen Augen «anblickt».

Mutter führte den großen Haushalt mit allem Personal. Zur eigenen großen Familie gehörten fast das ganze Jahr hindurch viele Gäste, die im Sommer oft wochenlang blieben.

Unser Haus war innerlich und äußerlich voller Sonne. Im Alltag lebten wir zwar bescheiden, aber es gab zahlreiche fröhliche Feste, von denen Freunde der Familie noch nach Jahrzehnten schwärmten.

Eine Quelle ständiger Freude war für uns alle das mehrstimmige Singen zu Hause und natürlich bei allen Festen.

Auf die von Mutter vorbereitete Weihnachtsfeier für die über siebzig Jahre alten Dorfbewohner freuten sich viele Menschen. Im großen Esszimmer oben im Schloss wurde eine festliche lange Tafel gedeckt. Die Alten wurden mit Kaffee, Streuselkuchen und Pfefferkuchen bewirtet. Jeder bekam außerdem zum Mitnehmen noch Gebäck, Kaffee, ein Tütchen mit Bonbons und Würfelzucker, was wir Kinder austeilten. Die Leute knüpften all diese Gaben in ein sehr großes buntes Tuch und freuten sich.

Obwohl meine Eltern nicht ausgesprochen kirchlich eingestellt waren, wurden wir zur Ehrfurcht vor Gott und der Natur und zur

Dankbarkeit erzogen. Das Tischgebet war ebenso selbstverständlich wie das Abendgebet vor dem Einschlafen oder das sonntägliche Singen der ganzen Familie zusammen mit dem Personal vor dem Harmonium. Es wurden immer die Lieder aus dem Gesangbuch ausgewählt, die der Jahreszeit entsprachen.

Zur Geburt des ersten Kindes kam eine norwegische Cousine meiner Mutter zum Helfen nach Lomnitz: unsere geliebte «Dulli» – und blieb ein Leben lang! Unsere Mutter hatte viele andere Aufgaben, so wurde «Dulli» unsere Erzieherin und Vertraute und hat unser Leben liebevoll und warmherzig begleitet und mit geprägt.

Meine Geburt – ich war das zweitälteste Kind – begann dramatisch. Die Ärzte erklärten meinem Vater, das Kind habe eine falsche Lage und könne nicht normal geboren werden. «Wenn wir das Kind nicht herausoperieren, wird Ihre Frau sterben.» Mein Vater, der bei den Geburten aller seiner Kinder dabei war, erwiderte: «Solange der Puls noch so gut ist, erlaube ich es nicht.» Tatsächlich kam ich heil und gesund auf die Welt, und meine Mutter blieb auch am Leben.

Mit vier Jahren entdeckte ich unsere Bilderbibel mit Holzschnitten von Schnorr von Carolsfeld und verbrachte viele Stunden damit, mir die Bilder anzusehen und mir die dazugehörigen

Geschichten vorlesen zu lassen. Die kraftvolle Gestalt des Moses beeindruckte mich besonders, und ich liebte und bewunderte seine Stärke.

Später im Religionsunterricht in der Schule bat ich einmal die Lehrerin, ob wir nicht endlich wieder etwas von Moses hören könnten anstatt nur immer etwas von Jesus. Ich erinnere mich, wie die Lehrerin ganz erschrocken antwortete: «Aber liebes Kind, vom lieben Herrn Jesus kann man doch gar nicht genug hören!»

Als Achtjährige hatte ich ein starkes Ich-Erlebnis: Ich stand am Fenster und sah den Schneeflocken zu, die vom Himmel fielen, und hatte ganz plötzlich die Erkenntnis: Ich bin ich. Ich kann nie Mutti sein, Mutti kann nicht ich sein – ich kann nie Vati sein, Vati kann nicht ich sein ... In immer schnellerer Folge ging ich die ganze Geschwisterreihe durch, und plötzlich überfiel mich ein grenzenloses Einsamkeitsgefühl. Schluchzend rannte ich durchs Haus auf der Suche nach einem Menschen. Endlich fand ich meine Mutter, die mich erschrocken in die Arme nahm. Ich war aber unfähig, ihr den Grund meiner Erschütterung zu erklären.

Zur Schule mussten wir in die sechs Kilometer entfernte Kreisstadt Hirschberg fahren. Wir hatten dafür unseren Schulwagen, natürlich ein Pferdefuhrwerk, von einem Schimmel gezogen. Wir mussten bei Wind und Wetter selbst kutschieren.

Unser Vater erzog uns weniger durch pädagogische Grundsätze als vielmehr durch Fragen oder kurze Bemerkungen, die wir vielleicht deswegen nie vergessen haben. Einmal hörte er, wie eine meiner Schwestern eine hässliche Bemerkung zu einer Spielkameradin machte. Da nahm er sie beiseite und fragte sie sehr ernst: «Hast du das gesagt, um ihr eine Freude zu machen?»

Ein anderes Mal gab er mir einen Rat für mein ganzes Leben: «Wenn man vom Pferd gefallen ist, muss man immer wieder aufsteigen.»

Ich war nämlich im Park mit dem Pferd galoppiert und es scheute plötzlich. Ich rutschte herunter, blieb aber mit der Kniekehle kopfüber im Steigbügel hängen, während das Pferd weitergaloppierte. Mein Vater hatte das gesehen, rannte herbei, ergriff den Zügel und befreite mich. Dann sagte er: «Ich sehe, du hast jetzt noch etwas Angst.» Er wartete, hielt mich ganz fest an den Armen und sah mich an. Nach einer Weile sagte er: «Jetzt, sehe ich, hast du keine Angst mehr. Dann kannst du weiterreiten. Es ist aber für das Pferd besser, wenn du jetzt nicht Galopp, sondern Trab reitest, und ich laufe nebenher.» Vater hielt mich noch einmal an beiden Armen fest, dann hob er mich in den Sattel, während er sagte: «Wenn man vom Pferd gefallen ist, muss man immer wieder aufsteigen.» Dieser Satz hat mich in den verschiedensten Situationen meines Lebens begleitet. Als Achtjährige hatte ich ihn damals gehört, aber nie vergessen.

Schon als Kind habe ich in jeder freien Minute gern und viel gelesen. Mir bedeuteten Bücher genauso viel wie meiner älteren Schwester die Musik oder einer jüngeren ihre Tiere.

Als ich dreizehn Jahre alt war, lud mein Vater eines Abends eine Dame ein und sagte mir: «Diese Dame wird für uns beide heute Abend am Kamin Goethes *Faust* auswendig sprechen.» So geschah es. Wir saßen am Kamin, in dem die Holzscheite prasselten und knackten, und lauschten gebannt. Mich beeindruckte zutiefst das sehr schöne Gesicht der Dame, welches vom Feuer bestrahlt wurde, und ihr unglaublich wandlungsfähiger Gesichtsausdruck, je nachdem, welche Person sie darstellte.

Als meine Konfirmandenzeit herankam, freute ich mich auf den Unterricht, weil ich hoffte, endlich auch meine Fragen über biblische Inhalte, die ich nicht verstand, beantwortet zu bekommen. Leider gefiel das dem Pastor nicht. Er fühlte sich in seinem Unterricht gestört. Eines Tages sagte er streng zu mir: «Fragen Sie doch nicht so viel. Sie müssen endlich Ihren Kinderglauben ablegen. Die Geschichten aus der Bibel sind nur Legenden. Engel gibt es nicht, und Jesus hat auch keine Wunder vollbracht. Es gibt auch keinen Teufel. Und die Verklärung auf dem

Berge, bei der die Jünger Jesus in verklärter Gestalt gesehen haben, ist auch eine Legende.»

Ich war bis ins Innerste erschrocken und sagte nur: «Aber Herr Pastor, dann glauben Sie ja gar nicht an die Bibel!» Da wurde er ernstlich böse, ich aber beschloss kurzerhand, mich auf keinen Fall von diesem Pastor konfirmieren zu lassen. Ich erkundigte mich, welcher Pastor die Konfirmation im Nachbarort Eichberg halten würde, meldete mich zu einem Gespräch bei ihm an und fragte ihn, ob er mich wohl konfirmieren würde. Er war sehr erstaunt. Mir war aber als gute Ausrede eingefallen, dass uns die Eichberger Kirche sehr vertraut war, denn mein Großvater hatte sie gebaut, und schon mein Vater und seine Geschwister waren dort konfirmiert worden. Nach Rücksprache mit meinen Eltern, die ihm wohl auch noch etwas über meine vielen Fragen gesagt haben mögen, fand er sich bereit, mich zu konfirmieren. Er bestellte mich aber noch zu einigen Gesprächen. Nun fand ich einen aufgeschlossenen Pastor, der mir ein anderes Bild von der Bibel vermittelte und mir den Christus nahe brachte. Und so wurde ich in der Eichberger Kirche von ihm konfirmiert.

Die Schule schloss ich mit der «Lyzeumsreife» ab und wollte Säuglings- und Kinderkrankenschwester werden.

Das Ende der Schulzeit war aber plötzlich auch

das Ende meiner so glücklichen, unbeschwerten Kinder- und Jugendzeit.

Die Pacht war 1926 abgelaufen, und unsere Familie war aus Schloss Lomnitz ausgezogen und wohnte nun in dem Bauerngut, das Vater gehörte. Als ich 1927 aus der Schule kam, lag hinter uns die schwere Zeit der Inflation, durch die die Ersparnisse vernichtet wurden. Die Auswirkungen machten sich zum Teil erst später bemerkbar. Wir erlebten, dass ein großer Teil der Güter ringsum Konkurs anmelden mussten, und bald ging es uns ebenso. Wir hatten außerdem durch einen Brand auf dem Felde die gesamte Kornernte verloren, und auf einer anderen Pachtung meines Vaters hatte ein Inspektor, dem mein Vater zu sehr vertraut hatte, in die eigene Tasche gewirtschaftet. Unsere Familie wurde plötzlich wirklich arm.

Ich musste in dieser schweren Zeit Vater die Sekretärin, die er entlassen musste, ersetzen und aufpassen, dass die fälligen Rechnungen bezahlt wurden. Mein bisher so fröhlicher Vater wurde ernst und sorgenvoll. Für meine Mutter gab es ein böses Erwachen, denn weil sie ein schwaches Herz hatte, war sie immer geschont worden. In dieser Not kam im März 1929 eine Anfrage aus Shanghai an meinen Vater, ob er bereit wäre, in seiner alten Firma wieder als Kaufmann zu arbeiten. Schweren Herzens machte er sich bald darauf auf den Weg nach China, in der Hoffnung, dort schneller wieder Geld verdienen zu können. In China bekam er schon ein Jahr später eine ansteckende Meningitis und starb innerhalb von vierzehn Tagen im Mai 1930. Einen Tag vor seinem Tod hatte er für seine Frau auf kleine Zettelchen aufgeschrieben, was er erlebte, und hat ausgesprochen: «Ich bin in ständiger Verbindung mit Gott. Ich sehe sehr viele große Schmetterlinge in den schönsten Farben als Boten vom lieben Gott.»

Im Sterben bat er die Krankenschwester: «Machen Sie schnell die Tür auf, da kommen alle meine Kinder!» Es hat unsere Familie sehr getröstet, dadurch zu wissen, dass unser Vater im Todesaugenblick nicht allein war. Ich konnte trotzdem nicht verstehen, wie Gott es zulassen konnte, meiner Mutter ein so schweres Schicksal aufzuerlegen und unseren geliebten Vater so früh sterben zu lassen.

Meine Mutter stand nun allein mit sechs noch unversorgten Kindern und der treuen Dulli an ihrer Seite. Der Konkurs musste fertig abgewickelt werden, und irgendwie musste sie versuchen, Geld zu verdienen. Ihr Schwager in Hamburg fragte sie bald darauf, ob sie eine gerade frei gewordene Pension in Hamburg übernehmen wollte.

Ich selbst war zu der Zeit in Hamburg zur Ausbildung als Säuglingsschwester.

Meine Mutter übernahm mit Hilfe von Verwandten und Freunden aus Schlesien kurz entschlossen diese Pension. Es lebten dort Söhne von Ostasien-Freunden, andere kamen aus Norwegen, Holland und England. Sie wohnten während ihrer Ausbildungszeit in unserer Pension.

Es gab außerdem noch die Sekretärin von einem Herrn Dr. Hemleben, der Pfarrer in der Christengemeinschaft in Hamburg war, in der Pension. Damals hörte ich zum ersten Mal, dass es eine Christengemeinschaft gab. Obwohl ihre Kirche ganz in unserer Nähe lag, hat sie mich damals aber noch gar nicht interessiert. Dr. Hemleben, der unsere Familie kennen gelernt hatte, hat damals einmal zu einem Kollegen gesagt: «Ich bin gespannt, wer von diesen fünf Töchtern wohl mal zur Christengemeinschaft finden wird.»

Nachdem ich meine Ausbildung abgeschlossen hatte, arbeitete ich nur kurze Zeit in meinem Beruf, dann heiratete ich mit einundzwanzig Jahren meinen Mann, der siebzehn Jahre älter war als ich. Er war Jurist in der landwirtschaftlichen Verwaltung in Stettin. Mich hatte er in Lomnitz kennen gelernt, als ich dreizehn Jahre alt war. Er war damals Assessor in Hirschberg im Riesengebirge und öfter bei uns zu Hause eingeladen.

Später hatten wir uns aus den Augen verloren, als wir aber wieder voneinander hörten, entspann sich ein reger Briefwechsel zwischen uns, bis wir 1932 heirateten und nach Stettin zogen, wo auch unsere beiden Töchter geboren wurden.

1939 brach der Zweite Weltkrieg aus, und als die schweren Bombenangriffe begannen, nahmen wir dankbar das Angebot von Freunden aus Schlesien an, in der Nähe meines Heimatortes bei ihnen in Schloss Buchwald zu wohnen. So wurden wir dorthin evakuiert. Mein Mann musste in Stettin bleiben, aber die Kinder und ich konnten uns von den vielen Bombennächten erholen.

Sorge machte mir nur ein krankes Bein. Nach der Geburt der ältesten Tochter hatte ich eine schwere Thrombose, und von der Zeit an hatte ich – mit wenigen Unterbrechungen – fast immer ein offenes Bein und viel Schmerzen, häufig Venenentzündungen und auch Thrombosen. Dieses Leiden begleitete mich durch etwa zwanzig Jahre.

In Buchwald waren auch andere Mütter mit ihren Kindern evakuiert, und dort lernte ich durch eine Dame zum ersten Mal anthroposophisches Gedankengut kennen und hörte den Namen: Dr. Rudolf Steiner. Diese Dame erzählte mir auch von der Christengemeinschaft, der «Bewegung für religiöse Erneuerung». Mir waren diese Gedanken zunächst sehr fremd, außerdem gefiel mir die überhebliche Art sehr wenig, mit der meine neue Freundin meine Unkenntnis auf anthroposophischem Gebiet behandelte.

Im Februar 1945 kam die Flucht. Meine Kinder mussten mit meiner Mutter und Dulli, die beide nach Schlesien gekommen waren, ohne mich auf die Flucht gehen, denn ich lag damals mit einer schweren Thrombose und wieder einem offenen Bein im Krankenhaus, sollte mit dem Lazarettzug transportiert werden und durfte meine Kinder nicht mitnehmen. Unser Treffpunkt war das Haus meiner Schwester in der Nähe von Hamburg. Tatsächlich lag ich bald in einem Lazarettzug, dessen Bestimmungsort aber «geheim» war. Endlich fand ich einen gutmütigen Sanitäter, der mir sagte, der Zug führe nach Süddeutschland. Auf eigene Verantwortung stieg ich an der nächsten Station aus, um mich allein auf den Weg nach Hamburg zu machen. Die chaotischen Verhältnisse auf den Bahnhöfen und in den Zügen waren unbeschreiblich. Man wartete oft stundenlang auf den nächsten Zug, in den man sich irgendwie noch hineinzwängte, auch wenn er schon völlig überfüllt war. Irgendwann und irgendwo lief ich den ganzen Bahnsteig entlang bis weit vor die Bahnhofshalle. Plötzlich kam ein Zug mit lauter Viehwagen, aus denen Pferdeköpfe hervorschauten. Er hielt nur ganz kurz. Zwischen den Viehwagen waren auch Personenwagen, und solch einer hielt genau vor mir. Ein Soldat sprang heraus. Ich fragte ihn, wohin der Zug fahre. «Das darf ich Ihnen nicht sagen», antwortete er. «Ich will nach Hamburg», sagte ich, und darauf er: «Steigen Sie ein. Ich darf niemanden mitnehmen. Legen Sie sich auf den Boden.» Das Abteil war ganz leer, der Zug fuhr weiter, und nach einer Weile kam der Soldat wieder, meinte, jetzt dürfe ich mich auf die Bank legen, der Zug fahre nach Hamburg-Bergedorf. Die Pferde kamen aus Ostpreußen. Es waren die berühmten Trakehner. Sie sollten zu ihrer Rettung auf verschiedenen Höfen in Norddeutschland untergebracht werden.

So kam ich sicher zu meiner Schwester, bei der auch die Kinder, meine Mutter und Dulli eingetroffen waren und später auch mein Mann. Dort in Hamburg erlebten wir das Kriegsende und den Einmarsch der Engländer. Wir hatten zwar Hab und Gut und die Heimat verloren, aber wir waren am Leben geblieben.

Der Alltag damals war weitgehend geprägt von der Mühe, irgendwelche Lebensmittel zu beschaffen. Stundenlanges Anstehen vor den Geschäften gehörte ebenso dazu.

Mein Mann – kein «Nazi» – bekam durch einen Stettiner Bekannten schon bald eine Anstellung in Kiel, wo er auch ein möbliertes Zimmer fand. Dorthin zogen wir nun zu viert, aber nur kurze Zeit, dann bekamen wir – durch glückliche Umstände – zwei Zimmer in einer möblierten Wohnung, deren Besitzer evakuiert worden waren, nun im «amerikanischen Sektor», wie das damals hieß, wohnten und keine Genehmigung bekamen, wieder nach Kiel zurückzuziehen.

Äußerlich war das Leben ungeheuer mühselig. Wir froren und hungerten. Die Fenster in unseren Zimmern waren fast alle zerbrochen oder fehlten ganz. Da es kaum Material gab, wurden nur einzelne Glasscheiben auf «Zuteilung» in größeren Abständen erneuert, die anderen vernagelten wir mit Pappe.

Es war aber eine ganz große Erleichterung, dass der schreckliche Krieg und die Naziherrschaft nun vorbei waren und es nun irgendwie einen Neuanfang würde geben können.

Wir alle «hungerten» auch nach Nachrichten von Verwandten und Freunden, die der Krieg verstreut hatte, und nach Informationen aller Art, besonders aus dem Ausland. Und wir sehnten uns in all dem äußeren Chaos nach Schönheit und Kultur. Die Menschen hatten auch verstärkt das Bedürfnis nach Kirche und Religion. Die Kirchen waren voll.

Mein Mann und ich besuchten Gesprächskreise von der evangelischen Kirche und hörten Vorträge von Professor Rendttorf, einem Theologen.

Unseren Kindern, die ja keine Bücher mehr hatten, lasen wir Goethes *Hermann und Dorothea* vor, wofür sie ja eigentlich noch zu klein waren mit ihren elf und zwölf Jahren, aber sie waren begeistert und riefen immer zwischendurch: «Wie bei uns auf der Flucht.» Mein Mann bekam außerdem aus der englischen Leihbücherei der Militärregierung (Schleswig-Holstein gehörte zum britischen Sektor) Bücher geborgt und übersetzte für die Kinder *Daddy Longlegs*, was ihnen viel Spaß machte.

Es muss ungefähr 1946 / 47 gewesen sein, als ich hörte, dass Dr. Hemleben, der Pfarrer der Christengemeinschaft aus Hamburg, zu Vorträgen nach Kiel käme. Sie fanden in der zerbombten Aula einer Schule statt, die unbeheizt und deshalb eiskalt war. Wir froren entsetzlich, und doch wurden wir innerlich warm durch das, was Dr. Hemleben uns sagte. Er sprach über den Tod, die Auferstehung Christi und die Auferstehung des Menschen auf christlicher Basis.

Wir hatten auch einen Freund mitgenommen. Er fand den Vortrag sehr interessant, sagte aber dann: «Nein! Wenn ich das Sagen hätte in der evangelischen Kirche, dann würde ich diese Christengemeinschaft bekämpfen.» Da war ich ganz erschrocken und fragte ihn: «Aber wieso denn? Was fanden Sie denn daran Schlimmes?» – «Naja, eben neue Gedanken», erwiderte er, «also, wissen Sie, da muss ich erst drüber nachdenken, das kann ich jetzt noch nicht so sagen.» – Er kam aber jede Woche wieder zu den Vorträgen von Dr. Hemleben.

1949 lernte ich Dr. Friedrich Benesch kennen. Er war nach Kiel gekommen, um die dortige Gemeinde, die es schon seit der Gründung der Christengemeinschaft 1922 gab, als Pfarrer zu betreuen. Das Gemeindehaus war völlig zerstört gewesen und wurde erst wieder aufgebaut. Das war 1948. Nun konnte ich Dr. Benesch meine vielen religiösen Fragen stellen. Allmählich wuchs ich immer stärker in die Gemeinde hinein, obwohl ich erst nach Jahren Mitglied wurde. Eigenartigerweise ergab es sich so, dass ich Mitglied wurde an einem 30. Mai, dem Sterbetag meines Vaters, allerdings erst 1952.

Die Christengemeinschaft mit ihrem Gottesdienst, der «Menschenweihehandlung», aber auch die Menschen in der kleinen Gemeinde interessierten mich immer mehr. Ich sah viel Not dort. Viele Menschen waren ausgebombt oder Flüchtlinge wie wir. Da versuchte ich, so gut es ging, zu helfen.

In der Gemeinde gab es eine Dame, deren Haus von den Bomben verschont geblieben war. Sie und ihre erwachsene Tochter holten aus ihren Beständen Nähzeug und Stoffreste, Bekleidung und Wolle und waren ungeheuer fleißig. Sie strickten und nähten für viele Menschen.

Inzwischen hatte ich gehört, dass man als soziale Institution über den Deutschen Paritätischen Wohlfahrtsverband CARE-Pakete bekommen konnte. Tatsächlich bekamen wir dann regelmäßig diese begehrten Pakete vom DPWV zugeteilt, die außer für die Kieler Gemeinde aber auch für Mitglieder der Christengemeinschaft in Flensburg, Schleswig, Rendsburg und Neumünster gedacht waren. Auf welche Art wir sie dorthin brachten, weiß ich nicht mehr. Ich weiß nur, dass es eine zeitraubende und mühselige Arbeit war, die Pakete überhaupt heranzuschaffen.

Eines Tages sagte ich zu Dr. Benesch, ich könnte die Arbeit nicht mehr alleine schaffen, ob ich in der Gemeinde um Hilfe bitten dürfte. Zu meiner Überraschung sagte Dr. Benesch ganz streng zu mir: «Sie werden nicht um Hilfe bitten! Soziale Dinge müssen von innen wachsen.» Und als er mein Erschrecken sah, fügte er hinzu: «Warten Sie es ab, es passiert jetzt etwas in der Gemeinde.» Damit war ich entlassen.

Nachdem die andere Dame und ich schon ganz schön schöpferisch tätig geworden waren, sagte Dr. Benesch eines Tages zu mir: «Sie werden jetzt jedesmal vor meinem Vortrag ein paar Worte über das Sozialwerk sagen.» Ich wandte ein: «Wir haben ja noch gar kein Sozialwerk, was soll ich denn da sagen?» – «Ach, es wird Ihnen schon irgendetwas einfallen», meinte er. So fing ich eben mit kleinen Berichten an.

Bald meldeten sich zwei Damen bei mir und

fragten, ob sie mithelfen könnten, und tatsächlich wuchs der Helferkreis auf ungefähr zwölf Menschen an. Manchmal waren es ein paar mehr, dann schieden wieder einige aus, aber wir waren wirklich meistens zwölf.

Es war ein sehr arbeitsreiches Leben, machte uns allen aber auch viel Freude. Ich hatte einen Schrebergarten gemietet und zog darin Blumen, weil ich fand, Blumen wären jetzt wichtig für die Menschen, die alle Kummer und Sorgen hatten. So machte ich kleine Sträußchen für den Rednertisch, wenn die Pfarrer Vorträge hielten. Nach den Vorträgen durften sich die Pfarrer die Blumen mitnehmen. Ich fing außerdem an, diese Sträuße aus dem Schrebergarten nach den Vorträgen in der Gemeinde gegen einen freiwilligen Betrag zu verkaufen. Bald folgten einige andere, die auch einen Garten hatten, diesem Beispiel, und auf diese Weise kam Bargeld in die Kasse unseres Sozialwerkes. Als wir einmal sechzig Mark in der Kasse hatten, fühlten wir uns reich.

Wir wurden mit unserem Sozialwerk nun auch Mitglied beim DPWV und bekamen dadurch sehr viele Hilfen, nicht nur die schon erwähnten CARE-Pakete, sondern auch Spenden von Kaufhäusern, die über den DPWV verteilt wurden. Davon haben wir jahrelang Pakete in die DDR (beziehungsweise in die Ostzone, wie sie zuerst hieß) schicken können, vor allem zu Weihnachten. Wir hielten immer guten Kontakt zum

DPWV und lernten dadurch auch andere Organisationen kennen, die ihm angeschlossen waren, zum Beispiel die Heilsarmee.

Es gab die verschiedensten Aufgaben: Wir besorgten und verteilten Kleidung, wir besuchten kranke Gemeindemitglieder und brachten ihnen Essen, oder wir halfen bei Wohnungsauflösungen.

Eines Tages fasste ich mir ein Herz und sprach Dr. Benesch an: «Darf ich einmal fragen, wovon Sie mit ihrer großen Familie eigentlich leben?» Zur Familie gehörten sieben Kinder und eine Haustochter mit ihrem kleinen Kind.

Dr. Benesch entgegnete mir: «Auf diese Frage warte ich seit vier Jahren!»

Ich war sehr erschrocken, als er mir dann antwortete, sie lebten von Kohl, Zwiebeln und Kartoffeln. Das muss also schon Anfang der fünfziger Jahre gewesen sein. Ich war damals am Boden zerstört. Aber Dr. Benesch hielt mir einen kleinen Vortrag über den Wert der Zwiebel und die hohen Vitamine, die in Kohl und Kartoffeln stecken und so weiter.

Und dann habe ich die kleine Gemeinde mobil gemacht, und nun konnten wir die Familie Benesch ganz anders versorgen als vorher.

Einmal allerdings fand ich Frau Benesch und ihre liebe «Zirri» in Tränen. Es hatte ihnen jemand Bekleidung für die Kinder gebracht, aber beim Durchsehen der Sachen mussten sie entdecken, dass vieles zerrissen und schmutzig war.

Ich war fassungslos und empört. Plötzlich erschien Herr Dr. Benesch in der Tür und fragte, was denn los sei. Dann erklärte er: «Ihr werdet euch trotzdem bedanken. Die Menschen, die diese Bekleidung gespendet haben, sind immerhin auch in ihren Keller oder auf den Boden gegangen und haben überlegt, was sie wegschenken können. Das ist auch eine soziale Tat. Was ihr damit anfangt, ist dann eine andere Sache.»

Im Laufe der Zeit kamen noch andere junge Pfarrer nach Kiel, die zum Beispiel keine Möbel hatten. So habe ich eigentlich immer erst Betten beschafft für die Pfarrer, komischerweise. Ich fand, das sei erst einmal das Wichtigste, dass sie ein Bett zum Schlafen hätten. Ich hatte eine Dame kennen gelernt, die sehr viel für die Christengemeinschaft tat, obwohl sie kein Mitglied war. Sie rief mich manchmal an und fragte: «Können Sie Stühle gebrauchen?» Oder: «Ich habe Küchensachen ... eine Kommode ...» und so fort.

Ungefähr 1956 schafften mein Mann und ich uns ein Auto an. Es war ein kleiner «Lloyd». So musste ich Auto fahren lernen und war sehr froh, dass ich dadurch mein immer noch nicht ganz gesundes Bein schonen konnte. Außerdem transportierte ich mit diesem Lloyd nun auch alle möglichen Sachen für die Christengemeinschaft. Da staken dann aus dem kleinen Wagen Tisch- und Stuhlbeine, Betten und ich weiß nicht, was noch alles.

Durch den guten Kontakt zum DPWV war es möglich, Mütterkuren zu machen. So wurden auch Mütter aus der Christengemeinschaft, die erholungsbedürftig waren, zur Kur geschickt, was durch das Sozialwerk vorbereitet und vermittelt wurde.

Es war eine sehr schöne, arbeitsreiche, aber auch fröhliche Zeit in den ersten Anfängen unseres Sozialwerkes.

Wir arbeiteten in Kiel zwar selbständig, gehörten aber zum Hamburger Sozialwerk der Christengemeinschaft und mussten unsere Gelder an Hamburg abführen. Eines Tages sah ich das nicht mehr ein, weil mir schien, dass die Freunde in Kiel, die uns Geldspenden gaben, das doch für das Kieler Sozialwerk taten. So richteten wir ein eigenes Konto ein und wurden nun ganz selbständig. Wir mussten uns andererseits als Mitglied des DPWV auch an zwei großen Haus- und Straßensammlungen beteiligen. Das war eine Sammlung im Sommer und eine Sammlung für das Müttergenesungswerk. Von dem Erlös bekamen wir einen bestimmten Prozentsatz für unser Sozialwerk. Es gingen die Mitglieder des Sozialwerkes sammeln, später auch die Jugendlichen aus den beiden Jugendkreisen der Christengemeinschaft. Ich selbst nahm außerdem als Delegierte des «Sozialwerks der Christengemeinschaft in Norddeutschland» an den Delegiertentreffen des DPWV in Frankfurt am Main teil.

Diese ganze soziale Tätigkeit war aber nur eine Seite, die mich interessierte.

Das andere waren die Evangelienkurse mit Dr. Benesch und seine Vorträge, die mir einen neuen Zugang zum Evangelium ermöglichten. Ich lebte mich außerdem immer mehr ein in den Gottesdienst der Christengemeinschaft, die Menschenweihehandlung.

Im Jahre 1956 machten mein Mann und ich die erste Reise mit dem Auto nach Norwegen, an den Hardanger Fjord. Dort hatten wir privat ein kleines Zimmer gemietet. Wir erlebten den Johannisabend, an dem viele Norweger in ihren schönsten Trachten zu einer leisen Geigenmusik tanzten. Es war eine zauberhafte Stimmung bei schönstem Wetter.

Wenig später kam der Tag unserer Abreise. Ich hatte unsere Betten abgezogen und das Geschirr wieder eingepackt – man musste damals noch alles selber mitbringen – und trug alles ins Auto. Meinem Mann rief ich zu: «Wir können jetzt fahren. Ich habe mich schon von der Wirtin verabschiedet.» Mein Mann sagte darauf abrupt und streng zu mir: «Wir fahren heute nicht. Wir fahren erst morgen.» Und damit ging er mit großen Schritten in Richtung Fjord davon. Ich war verblüfft über seine ungewohnte Strenge, konnte mir seine überraschende Entscheidung überhaupt nicht erklären und war richtig böse auf ihn. Trotzdem ging ich zur Wirtin und fragte, ob sie uns wohl noch eine Nacht länger beherbergen könnte. Dann holte ich – noch immer wütend – das gesamte Gepäck wieder aus dem Auto, bezog die Betten erneut und richtete unser Zimmer wieder ein.

Mein Mann kam strahlend vom Spaziergang zurück, und wir aßen in einem kleinen Gasthaus Mittag. Ich war schweigsam, ohne dass mein Mann das besonders bemerkte, und fragte ihn auch nichts.

Am anderen Morgen fuhren wir unserem nächsten Ziel entgegen. Wir wollten nach Gudvangen und dort in einem Hotel übernachten. Nach ein paar Stunden wollten wir an einer Wiese Picknick halten. Ein Bauer sprach uns an und fragte, wohin wir wollten. Als er hörte, wir führen in das Hotel nach Gudvangen, sagte er entsetzt: «Das können Sie nicht. Gestern Nacht ist das Hotel abgebrannt, und es gab 36 Tote, alles Ausländer. Sie sprangen aus den Fenstern, um sich zu retten, aber das war die falsche Seite. Da sind sie in den Abgrund gesprungen.»

Ich wandte mich meinem Mann zu und sagte tief erschüttert: «Erwin, du hast uns das Leben gerettet. Wir wollten ja gestern in diesem Hotel übernachten.» Und ich berichtete meinem Mann, was der Norweger eben gesagt hatte.

Wir waren so erschrocken, dass wir unser Picknick völlig vergaßen.

Auf unserem weiteren Weg mussten wir an dem abgebrannten Hotel vorbeifahren und sahen die rauchenden Trümmer. Unten angekommen schauten wir erschüttert die steile Felswand hinauf, die den Abgrund begrenzte, wo in der Nacht das Unglück passiert war.

Wir fanden ein kleines Gasthaus, wo wir eine Tasse Kaffee bekommen konnten. An der Theke stand ein alter Mann. Zu ihm sagte ich: «Das war wohl furchtbar in der letzten Nacht.» – «Ja, das war es», antwortete er. «Das haben doch sicher die Trolle gemacht», fügte ich hinzu. Der Mann sah mich an, wie nur Norweger einen anschauen können: durchdringend und aufmerksam. «Ja», sagte er, «aber das wissen heute nicht mehr viele. Die Trolle haben das Hotel zum dritten Mal abbrennen lassen.»

Wir durften in einer kleinen Hütte übernachten, in der nur zwei Betten standen. Dort warf sich mein Mann völlig erschöpft aufs Bett und schlief sofort ein. Ich aber lief noch einmal nach draußen, schaute hinüber zu dem Abgrund und dachte an die unbekannten Toten. Noch nie in meinem Leben habe ich so «beteiligt» für Verstorbene gebetet.

Als ich zurückkam, schlief mein Mann noch fest. Ich setzte mich auf mein Bett, und plötzlich standen zwei große Trolle vor mir. Sie schienen größer zu sein als die Hütte. Ihre Köpfe waren klein und bewegten sich ruhelos hin und her.

Bis dahin hatte ich in meinem Leben nur Menschen aus Fleisch und Blut gesehen. Diese Gestalten hier sahen völlig anders aus. Vielleicht haben sie mich trotzdem nicht so erschreckt, weil ich durch alte norwegische Verwandte von der Existenz der Trolle wusste und mich ja auch gerade vorher in Gedanken mit ihnen beschäftigt hatte.

Nun standen sie also plötzlich hier in der Hütte, bewegten ihre Köpfe hin und her, während ihre weit auseinanderstehenden Augen listig und ein bisschen frech auf mich herabsahen. Die Köpfe schienen mit Zweigen und Moos bedeckt zu sein und ihre niedrigen Stirnen zu überwuchern.

Ich sprach die Trolle an: «Könnt ihr eure Köpfe nicht mal stillhalten? Warum müsst ihr immer Böses tun? Habt ihr überhaupt ein Gefühl für Mitleid? Wollt ihr vielleicht nicht, dass sich die Menschen an der Schönheit eures Landes erfreuen können?» Sie wiegten weiter ihre Köpfe, sprachen aber nicht. «Ich möchte euch gerne helfen», sagte ich, «irgendwie muss man euch wohl erlösen. Ich werde für euch beten.» Da war es mir, als ob sie für Sekunden ihre Köpfe stillhielten, aber als ich das Vaterunser für sie sprach, waren sie plötzlich meinen Blicken entschwunden.

Nun schlief ich selber todmüde bis zum Morgen.

Mein Mann und ich sprachen noch lange von dem Hotelbrand. Mein Mann hatte wirklich keinerlei Vorahnungen gehabt und konnte selbst nicht erklären, was ihn veranlasst hatte, einen Tag später als geplant abzufahren.

Vielleicht haben wir durch diese Erlebnisse mit dem neu geschenkten Leben Norwegen, die Menschen und die besondere Natur viel intensiver erleben können.

Das Troll-Erlebnis war für mich das erste, das mich ahnen ließ, dass es möglich ist, noch anderes zu sehen als das physisch Sichtbare.

In den nächsten Jahren hatte ich viele Träume, deren Inhalte ungewöhnlich waren. Von zweien dieser Träume habe ich vorn berichtet. Außerdem hatte ich immer wieder mit meiner Gesundheit zu tun. Nach einer an sich harmlosen Blinddarmoperation 1966 erkrankte ich schwer an einer Entzündung aller inneren Organe und geriet an den Rand des Todes. Später waren es die Augen, mit denen ich Probleme hatte. Mein Sehvermögen nahm immer mehr ab, sodass ich oft Stürze erlebte, die mich immer wieder ins Krankenhaus brachten.

Manchmal war ich sehr verzweifelt, aber dann überwogen doch meine Zuversicht und mein Gottvertrauen, mit deren Hilfe ich alle diese Krankheiten immer wieder überwunden habe und neuen Mut fassen konnte.

Wegen meiner eigenen Behinderungen konnte ich meinen Mann, der nicht mehr laufen konnte, nicht länger zu Hause pflegen. Er starb 1980 nach viereinhalb Jahren im Pflegeheim im 86. Lebensjahr.

Wegen meiner schlechten Augen entschloss ich mich vor zehn Jahren, in ein Altersheim zu ziehen. Hier habe ich auch meine übersinnlichen Erlebnisse aufgezeichnet, von denen ich in diesem Buch berichte.

Das ist ein neuer Blick in eine andere Welt.

Zeitangaben

über die in den einzelnen Kapiteln
geschilderten Erlebnisse

1952 bis heute	Der leuchtende Mensch
1950er Jahre	Zwei Träume
1960 bis 1970	Der Lesekreis
1980	Im Sanatorium
1981	Ein Freitod
1983	Vor einer Operation
1985	«An einem wunderbaren Frühlingstag …»
1987	Wie ein Mensch Depressionen überwand
1988	Pferd – Löwe – Lamm (Das Lamm bis heute)
1989	Tod der Freundin aus dem Lesekreis
1991	Während des Golfkrieges
1992	Melchisedek
1992	Ein böser Geist
1993	Der Engel der Gemeinde (Karfreitag, Ostersonntag und am 1. Weihnachtstag)
1994	«Ein altes Mitglied unserer Gemeinde starb …»

*In der Lösung von Rätseln, die uns die eigene Seele aufgibt,
entfaltet sich das Geheimnis der menschlichen Freiheit.*

*Quellen der Wandlung:
Meditation und Gebet*

3
Weihnachten
Die drei Geburten des Menschen
von Georg Kühlewind

5
Meditation und Christuserfahrung
Wege zur Verwandlung des eigenen Lebens
von Jörgen Smit

9
Erfüllte Zeit
Von Meditation und Gebet
und von den Wochentagen
von Adam Bittleston

17
Meditative Gebete
für die heutige Zeit
von Adam Bittleston

VERLAG FREIES GEISTESLEBEN

falter

*In der Lösung von Rätseln, die uns die eigene Seele aufgibt,
entfaltet sich das Geheimnis der menschlichen Freiheit.*

Bilder des Lebens

2

Vom Engel berührt
Schicksalsbegebenheiten
erzählt von Dan Lindholm

24

Woher kommen wir –
wohin gehen wir?
Fragen nach wiederholten Erdenleben
von Dan Lindholm

16

Warum haben Engel Flügel
Der Engel als Bild und Begegnung
von Hella Krause-Zimmer

20

In der Mitte der Mensch
Geistige Entwicklung als Bildgeheimnis
von Hella Krause-Zimmer

VERLAG FREIES GEISTESLEBEN

falter

*In der Lösung von Rätseln, die uns die eigene Seele aufgibt,
entfaltet sich das Geheimnis der menschlichen Freiheit.*

Bilder des Lebens

10
Der Reiter und das Mädchen
Wandlungen einer ersten Liebe
von Inge Ott

14
Turm am Wasser
Die Linien des Lebens:
Hölderlin und Charlotte Zimmer
von Inge Ott

23
Die gläserne Brücke
zwischen Leben und Tod
von Inge Ott

13
Hören auf den Grund des Lebens
Begegnungen mit dem Schicksal
von Ursula Grahl

VERLAG FREIES GEISTESLEBEN

*In der Lösung von Rätseln, die uns die eigene Seele aufgibt,
entfaltet sich das Geheimnis der menschlichen Freiheit.*

*Vom rechten Umgang
mit sich selbst*

1
Einsamkeit
von Adam Bittleston

4
Lebenskrisen
Zwölf Schritte zu ihrer Bewältigung
von Julian Sleigh

6
Das Leben meistern
Zur Praxis des achtgliedrigen Pfades
von Adam Bittleston

12
Alchemie der Nähe
Die Begegnung von Frau und Mann
von Dorothea Rapp

VERLAG FREIES GEISTESLEBEN

*In der Lösung von Rätseln, die uns die eigene Seele aufgibt,
entfaltet sich das Geheimnis der menschlichen Freiheit.*

*Vom rechten Umgang
mit sich selbst*

15
Ein neues Sehen
der Welt
Gegen die Verschmutzung des Ich
von Jacques Lusseyran

7
Das helfende Gespräch
Schritte der Ich-Tätigkeit
von Paul von der Heide

21
Puppe und Schmetterling
Die Begegnung des Menschen
mit sich selbst
von Elke Blattmann

VERLAG FREIES GEISTESLEBEN

*In der Lösung von Rätseln, die uns die eigene Seele aufgibt,
entfaltet sich das Geheimnis der menschlichen Freiheit.*

Pfade seelischen Erlebens

8

Zeit des Sterbens
Von Hingang eines alten Menschen
von Almut Bockemühl

11

Vom Rätsel der Angst
Wo die Angst begründet liegt,
und wie wir mit ihr umgehen können
von Henning Köhler

18

Die dunkle Nacht der Seele
Wege aus der Depression
von Olaf Koob

20

Das vergessene Gemüt
Kräfte aus den Tiefen der Seele
von Erhard Fucke

VERLAG FREIES GEISTESLEBEN